De cero a infinito

PROFIT
editorial

Profit Editorial, sello editorial de referencia en libros de empresa y management. Con más de 400 títulos en catálogo, ofrece respuestas y soluciones en las temáticas:

- Management, liderazgo y emprendeduría.
- Contabilidad, control y finanzas.
- Bolsa y mercados.
- Recursos humanos, formación y coaching.
- Marketing y ventas.
- Comunicación, relaciones públicas y habilidades directivas.
- Producción y operaciones.

E-books:
Todos los títulos disponibles en formato digital están en todas las plataformas del mundo de distribución de e-books.

Manténgase informado:
Únase al grupo de personas interesadas en recibir, de forma totalmente gratuita, información periódica, newsletters de nuestras publicaciones y novedades a través del QR:

Dónde seguirnos:

 | @profiteditorial

  | Profit Editorial

Ejemplares de evaluación:
Nuestros títulos están disponibles para su evaluación por parte de docentes. Aceptamos solicitudes de evaluación de cualquier docente, siempre que esté registrado en nuestra base de datos como tal y con actividad docente regular. Usted puede registrarse como docente a través del QR:

Nuestro servicio de atención al cliente:
Teléfono: **+34 934 109 793**

E-mail: **info@profiteditorial.com**

JESÚS BLANCO

De cero a infinito

Emprende » Crece » Lidera,
convierte tu empresa
en el líder del mercado

Todas las publicaciones de Profit están disponibles para realizar ediciones personalizadas por parte de empresas e instituciones en condiciones especiales.

Para más información, por favor, contactar con: info@profiteditorial.com

Para las imágenes del interior se ha utilizado Canvas
y han sido realizadas por el autor.

Diseño de cubierta: XicArt
Maquetación: Fotocomposición gama, sl

ISBN: 978-84-19841-49-0
Depósito legal: B 1607-2024
Primera edición: Mayo de 2024

Impresión: Gráficas Rey

Impreso en España / Printed in Spain

ÍNDICE

Al reflexionar sobre el viaje que me ha llevado a escribir este libro, me siento profundamente conmovido por la generosidad y el apoyo que he recibido de tantas personas extraordinarias. Es un honor para mí dedicar estas palabras de agradecimiento a aquellos que han hecho este libro posible. Para empezar, a mi familia y mis amigos/as, por ser mi roca y refugio, al igual que apoyo y fe en mis capacidades.

A los emprendedores/as, empresarios/as y mis clientes, por confiar en mi criterio, experiencia, inspiración y conocimientos, junto a su disposición de compartir experiencias e involucrarme en su crecimiento como personas y empresas.

Al equipo de PROFIT Editorial, por considerar que este libro puede ayudar a muchos profesionales en su camino y darme la oportunidad de ser escritor. Sin su guía, dedicación y perspectiva, este libro no hubiera sido posible.

Finalmente, a cada uno/a de mis lectores/as. Espero que este libro les ofrezca *insights* valiosos y les inspire a alcanzar nuevas alturas en sus proyectos y empresas.

A MODO DE PRÓLOGO

Jesús Blanco me ha invitado a hacer este comentario sobre *La espiral del crecimiento empresarial.* Jesús es consultor y profesor. Alguien que sabe asesorar a las pymes y a las *start-ups* para que crezcan y sean viables. Y también un experto que explica cómo funcionan los modelos de negocio, cómo se puede diseñar una estrategia para que tu compañía venda más o sea más rentable.

Todo eso está incluido en el libro que tienes entre las manos (o en la pantalla de tu dispositivo). Por tanto, me parece una lectura recomendable. Lo que los americanos llaman un *must*. En efecto, *La espiral del crecimiento empresarial* tiene, a mi juicio, indudable interés.

Primero porque utiliza una metáfora muy gráfica: la espiral. Según la Real Academia de la Lengua Española, este concepto puede definirse como:

«Línea curva que describe varias vueltas alrededor de un punto, alejándose cada vez más de él».

Es una buena imagen para referirse a los vaivenes, a los cambios de rumbo asociados al emprendimiento (y, me atrevería a decir, a la existencia humana en general).

Los cambios de rumbo, la incertidumbre, son el menú diario del hombre o la mujer de negocios. Como muy bien recuerda Jesús

Blanco en este libro, ya en el siglo v antes de Cristo, Heráclito afirmaba que lo único permanente es el cambio.

Otro contenido inspirador de *La espiral del crecimiento empresarial* es el Círculo de oro, un concepto extraído de la obra del consultor inglés Simon Sinek. Según este autor, para trasladar un mensaje a tus clientes o a tu equipo puedes centrarte en: qué haces (*What*), cómo lo haces (*How*) y por qué lo haces (*Why*). El último enfoque es el más motivador y el que más impacto tiene en tu interlocutor, pues le da un nuevo sentido al trabajo.

También me parece destacable la finalidad práctica que ha motivado al autor, como él mismo reconoce en una sección de este libro (Propósito): «Llevo mucho tiempo vinculado tanto al desarrollo de proyectos de emprendimientos como a la mejora, crecimiento y aceleración de modelos de negocio de pymes, y me he dado cuenta de que hay mucha dispersión en cuanto a técnicas, herramientas, procesos y modelos, pero parece que nadie se ha tomado el tiempo de juntarlos todos en un solo lugar. Hasta ahora».

Hay, por tanto, una cierta voluntad de «servicio público», de «aportación a la sociedad», a través de la recopilación y sistematización de conocimientos que supone esta obra.

Este libro tiene, en consecuencia, un enfoque multidisciplinar. Habla de *Inbound Marketing*, al referirse a conceptos clave de esta materia, como «*buyer persona*» o «*customer journey*». Los entendidos de la mercadotecnia saben que *buyer persona* alude al consumidor tipo de una compañía. Y *customer journey* puede ser traducido como el «viaje» o el «proceso» que sigue un potencial cliente desde que ve por primera vez un producto o un servicio hasta que decide comprarlo.

La obra incluye también conceptos que manejan nuestros colegas que enseñan habilidades directivas: empoderamiento del equipo, liderazgo. Son competencias interpersonales, que a principios del siglo XX nos trajeron, al mundo de la empresa, pioneros de la psicología del trabajo, como Hawthorne o Elton Mayo; y que son claves en un mundo en el que cada vez es más importante captar y retener el talento.

El libro hace referencia a términos clásicos para los que estudiamos Macroeconomía, como Ingresos, Productividad o Inversión. Y gracias a esas «realidades conocidas», los viejos economistas académicos, como yo, podemos «entrar» en esta «espiral» y ver sentido al conjunto del texto.

No voy a detallar todos los conceptos que aparecen en esta obra. No voy a hacer un *spoiler*, como dicen mis hijos. Pero sí te animo, sinceramente, a leer el libro. De principio a fin, por secciones, según tus intereses o tus necesidades de gestión. Pero lee el libro.

Vuelvo a mi papel de economista. La economía se alimenta de los datos. En julio de 2023, la Dirección General de Industria y de la PYME publicó el informe *Cifras PYME*. Según este documento, España cuenta con 2.920.466 empresas pequeñas y medianas (0-249 asalariados), y con 5.398 grandes empresas (250 o más asalariados). Esto supone un total de 2.925.864 empresas en España.

Y, sin duda, necesitamos más compañías, sobre todo grandes, para asegurar el futuro y la prosperidad de nuestro país. Con aportaciones intelectuales como este libro, confío en que el espíritu emprendedor y la libertad de empresa (reconocida en el artículo 38 de la Constitución) sigan consolidándose como valores que cotizan al alza en nuestra sociedad.

En las presentaciones de mi último libro, *Cuando los votantes pierden la paciencia. Casos radicales de política económica,* me di cuenta de que los lectores agradecen que haya una tesis, una conclusión clara en una obra escrita. En el caso de *La espiral del crecimiento empresarial,* el autor condensa su mensaje en el epílogo, en una frase, a mi juicio, clave:

«Las empresas, independientemente de su etapa, tienen el potencial de crecer y prosperar si están dispuestas a aprender, adaptarse y evolucionar».

Lo cual yo traduzco en este consejo: no dejes de formarte y de tener un enfoque de mejora continua. Con este libro conseguirás los dos objetivos.

Para mí ha sido una suerte que Jesús Blanco me pidiera escribir el prólogo de *La espiral del crecimiento empresarial*, porque me ha dado una razón para abrir este libro, disfrutar de su lectura… y subir algún peldaño en la escalera del conocimiento. Como dijo el escritor Mario Vargas Llosa, «seríamos peores de lo que somos sin los buenos libros que leímos, más conformistas, menos inquietos e insumisos, y el espíritu crítico, motor del progreso, ni siquiera existiría».

RAFAEL PAMPILLÓN OLMEDO.
Catedrático de Economía Aplicada de la Universidad
CEU-San Pablo y de la IE Business School.

EL TIEMPO Y LA MIRADA

No hay ni ha habido un momento mejor que este para que una persona redescubra su infinita capacidad de reinventarse, evolucionar y crecer; porque eso mismo es lo que hay dentro de nosotros, aunque nos cueste verlo y eso mismo es lo que envuelve cada idea, cada sensación y cada acción en este mundo creativo del emprendimiento.

Seguramente con la lectura de este libro, de aquí en adelante, te cuestiones continuamente si estás en el lugar que te corresponde estar, o más bien qué debes hacer para estarlo. Tendrás dos factores a favor y dos en contra, y ambos son los mismos, solo cambia la perspectiva que utilices para gestionarlos. A tu favor juegan el momento en el que estás, que siempre será el idóneo, y una visión creativa, proactiva y positiva. En contra, la procrastinación y el miedo al cambio.

Conozco a Jesús; he trabajado con él durante los últimos dos años y puedo garantizar que su visión analista, su método de trabajo sistemático basado en la mejora y optimización de cada proceso, y su enfoque realista en cada planteamiento de cambio para «la empresa» son trabajados como si de una carrera de fondo se tratase; cada variación de ritmo debe estar justificada para no acabar agotando los recursos con los que contamos antes de llegar a nuestra meta; cada tramo de carrera, y en función de su dificultad (ascendente o descendente), debe ser afrontado de manera adecuada para no consumir más recursos de los necesarios cuando todo sea favorable y aplicar correctamente los que tengamos, cuando la situa-

ción sea más exigente; y, por último, el autor es capaz de conven-
certe sin forzarlo, de que cuando hablamos de competitividad y
sin perder de vista el mercado, el sector y tus supuestos competidores, lo más importante es no perder foco en el principal competidor que nos aparecerá siempre, sea cual sea la fase, etapa o esce-
nario en el que se encuentre nuestra empresa en cada momento.
Ese principal competidor del que habla sin decirlo, siempre serás
tú mismo, tú misma.

Aprecio a Jesús, respeto su trabajo y admiro su frescura y naturali-
dad. Es un verdadero ejemplo de lo que escribe, aunque lo más
importante es que es lo que dice y es lo que hace, es coherencia
pura y por esa razón acumula tantos éxitos profesionales.

Este libro muestra la generosidad del autor al compartir su experiencia y todos los conocimientos adquiridos durante su carrera profesional para ponerlos a disposición del lector, que independientemente del perfil de empresa que lidere o pretenda liderar, hasta
incluso del momento de maduración en el que se encuentre su proyecto, podrá extraer ideas de valor, efectivas y reales, para alinear
técnicas, herramientas, procesos y modelos de mejora e iniciar un
proceso de crecimiento de manera ordenada, coherente y basada en
el comportamiento natural que tiene el sistema empresarial actual.

Evidentemente, dicho crecimiento tiene que estar alineado e ínti-
mamente conectado con el crecimiento de la persona o las personas que estén al frente del proyecto.

Y ese crecimiento, esa evolución que siempre buscamos, se consigue comenzando a dar pequeños pasos hacia delante, con la inesti-
mable (y necesaria) compañía de la perseverancia, el esfuerzo, la
disciplina y la empatía con uno mismo, porque nada de lo que nos
propongamos en el ámbito empresarial va a ser fácil, todo va a re-
querir continua adaptación al cambio, gestión de la incertidumbre
y ganas, sobre todo muchas ganas, de mejorar, tanto nosotros
como para hacer mejorar nuestro proyecto.

Finalizo mi aportación a este imprescindible manual de instrucciones y guía empresarial, como no podía ser de otra forma, agradeciendo a Jesús Blanco la oportunidad que me otorga con mi participación en algo tan personal como es este libro para él. Y reiterando, como dije al principio, que no hay ni ha habido un momento mejor que este para que redescubras tu infinita capacidad de reinventarte, evolucionar y crecer.

Disfrútalo.

JAVIER DE LA CASA, Presidente y Fundador
de Grupo Avanza y CEO de Kayzen Emprende

1
PROPÓSITO

Llevo mucho tiempo vinculado tanto al desarrollo de proyectos de emprendimiento como a la mejora y crecimiento de modelos de negocio de pymes, y me he dado cuenta de que hay mucha dispersión en cuanto a técnicas, herramientas, procesos y modelos, aunque parece que nadie se ha tomado el tiempo de juntarlos todos en un solo lugar… hasta ahora.

Las *start-ups* van por un lado, las empresas de reciente creación por otro y las empresas consolidadas por el suyo. Parecen estar en mundos aparte, ¿verdad? Pero te diré algo: no son tan diferentes. La realidad es que todas son las mismas, pero en distintas fases de crecimiento. Si lo asemejamos a la vida de una persona, un niño y un adulto no son tan distintos, ambos tienen metas, ambos se enfrentan a la vida y las circunstancias que le rodean, ambos se comunican… Entonces, ¿cuál es la diferencia? La diferencia está en cómo utilizan su forma de pensar y su experiencia para hacer frente a lo que les rodea. Y te apuesto que en todas las circunstancias ambos utilizan herramientas, técnicas y metodologías que provienen del mismo lugar: su cerebro.

En este libro he querido condensar todo ese conocimiento en un solo lugar. No importa en qué etapa de crecimiento se encuentra tu proyecto o empresa: aquí vas a encontrar todos los elementos comunes para su desarrollo mediante un proceso que te asegura el crecimiento continuo de tu negocio.

Las herramientas, metodologías y técnicas que te expongo en este libro las vas a poder encontrar en los libros que incluyo en la bibliografía, al igual que en internet si buscas en Google, Bing o tu buscador favorito. Pero te darás cuenta de que en algunas simplifico las instrucciones, en otras las adapto o las cambio, y en otras las mantengo igual. ¿Por qué? Porque a través de mi experiencia al asesorar a más de 2.000 proyectos empresariales (entre pymes, *start-ups* y emprendedores/as), he comprobado que había que adaptarlas a la realidad de cada proyecto, porque están en entornos y circunstancias distintas a las que se exponen por los creadores de dichas herramientas. Las herramientas son solo eso: herramientas; no son el proceso en sí, sino el medio para poner en marcha un proceso.

Así que espero que este libro te sirva de guía y sea el impulso que necesitas para hacer crecer tu negocio, idea o empresa.

2
¿POR DÓNDE EMPIEZO?

Lo primero es saber en qué etapa de crecimiento te encuentras.

Todo comienza con una chispa, con una idea. Tus padres tuvieron la idea de formar una familia, y aquí estás tú. Así que ese chispazo inicial, en el mundo empresarial, se llama *Start-up*.

Start-up es un término que suele asociarse a empresas tecnológicas, pero ¿por qué centrarla en un tipo concreto cuando, ya seas una panadería o una *app*, necesitas lo mismo para ponerla en marcha? En esta primera etapa, lo más importante es conseguir tus primeros clientes y comenzar a facturar para convertirte en un negocio y no en una idea sobre un papel.

La segunda etapa es Emprendimiento. En este punto puede ser que estés en una etapa incipiente de tu negocio o que te hayas quedado estancado en una estructura, mercado o en tus propias limitaciones como gerente, CEO o administrador de tu sociedad. Esta etapa la conforman empresas o autoempleo que facturan menos de 2 millones, ya sean euros o dólares. Es donde está la gran mayoría.

La tercera etapa es Seguimiento. Tu negocio tiene una determinada estructura, tienes una facturación de entre 2 a 5 millones y tu prioridad es crecer. Este escalón es el techo de cristal para muchas empresas, porque una vez que se llega aquí es cuando desde la dirección de la empresa se debe decidir realmente si te quedas ahí o das el salto y vas a por más, valorar qué te frena, cuál es tu límite o qué te motiva.

La cuarta etapa es dónde están las empresas Retadoras. Has superado obstáculos y tienes una visión muy clara: quieres llegar a ser líder de tu sector. Ya eres una empresa bastante reconocida y una dura competidora, no solo del líder sino del resto de Retadoras como tú. Facturas entre 5 y 15 millones.

Y, finalmente, la gran meta: eres la empresa líder y estás en la etapa de Liderazgo, facturando más de 15 millones.

Los números de facturación son orientativos, pero es la media que se da en la gran mayoría de los sectores y mercados empresariales.

Un consejo que te doy: cuando quieras saber en qué etapa empresarial te encuentras, olvídate de tu facturación y céntrate en el binomio sector-mercado. Piensa en cómo se configura tu sector (número de empresas que lo conforman, cuáles actúan en tus territorios o zonas, cuál es la media de su facturación, cuál y cómo es su estructura, etc.) y cómo es tu mercado (tipos de clientes, empresas que interactúan con los clientes, ventas totales del mercado, media de ventas por empresa, estacionalidad, procesos de compra, etc.).

Dentro de tu sector seguramente haya una empresa líder que es la más reconocida a nivel mundial. Pero puede que no esté en tu mismo mercado. Piensa en la naturaleza. En la naturaleza, cada especie tiene a su representante máximo como el más reconocido o líder. En los felinos es el león, en los paquidermos es el elefante africano, en los cánidos es el lobo… pero existen diferentes ecosistemas y en cada uno de ellos puede que dicho líder esté en dicho ecosistema o puede que exista otro líder como un puma o un zorro.

Pues lo mismo con tu mercado: comprueba que realmente el líder tiene una presencia real, que se dirige a los mismos clientes que tú y que compite con los mismos competidores que tú.

Tu ecosistema empresarial puede que tenga algún encuentro con el líder global, pero lo que importa es el día a día, no un hecho puntual. Por ello, detecta quién es el líder de tu mercado con el que te encuentras diariamente en proveedores, clientes, *networkings*, asociaciones… porque esa será la empresa líder en tu mercado.

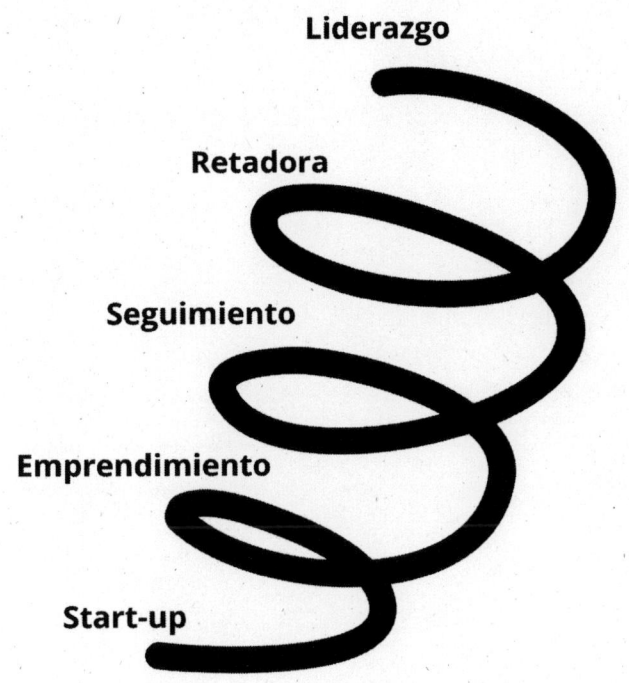

3
¿CÓMO LO DISEÑO?

Ya has valorado en qué fase estás y ahora toca trabajar cómo pasar de etapa o mantenerse para no descender. Lo último no es muy recomendable, porque en cuanto llega algún tipo de cambio, ya sea una crisis, una pandemia, cambios legislativos, o incluso cambios tecnológicos, te pone contra las cuerdas. Puede que resistas un tiempo, pero al final vas a perder si no eres lo suficientemente hábil y rápido para adaptarte.

El entorno actual te obliga a estar en continua evolución. Hay que estar permanentemente adaptándose y, al final del día, las que mejor se adaptan, crecen.

El entorno empresarial no es un juego de grandes y pequeños, es un juego de cómo te adaptas, mejoras o cambias y en cuánto tiempo lo haces. Las empresas ágiles y rápidas, con una gran capacidad de reacción, son las que crecen en este tipo de entorno.

Por tanto, para diseñar tu crecimiento tienes que incluir la filosofía *Agile* en tu ADN empresarial. Heráclito dijo: «Lo único constante es el cambio». Y era tan cierto hace más de 2.500 años, con guerras, conquistadores y pandemias, como lo es hoy en día con lo mismo, pero a lo que hay que sumarle los cambios que se producen por las nuevas tecnologías (programación, inteligencia artificial, *blockchain*, robótica, biotecnología, etc.). La gran diferencia es que hace 2.500 años los cambios se generaban cada 100 o 150 años, hace 200 años se producían cada 15 o 30 años y hoy en día los cambios surgen en meses.

Implantar una filosofía *Agile* implica adaptarse de una manera hábil, resolutiva y rápida a las distintas demandas y necesidades que puedan surgir en el mercado. Esto conlleva focalizar toda tu atención a lo que quieren los clientes, porque sin clientes no hay empresa.

Ese es el primer mantra de cualquier proceso de crecimiento empresarial: los clientes son lo primero. Es lo que se conoce como *customer-centric*.

En función del número de clientes que tengas y seas capaz de fidelizar estarás en una etapa diferente de la espiral: *Start-up*, Emprendimiento, Seguimiento, Retadora o Liderazgo. A mayor número de clientes, te encontrarás en una etapa más alta.

El *customer-centric* consiste en crear una experiencia memorable en el cliente, en construir una imagen de marca y superar expectativas. Y esto nos lleva al famoso «Círculo de oro» definido por Simon Sinek que te voy a explicar a continuación.

Más allá del Círculo de oro

En 2009, en una charla TED, Simon Sinek explicó «How great leaders inspire action». Esa charla fue un revulsivo en el sector empresarial para poder entender de una manera sencilla por qué algunas empresas lograban ser líderes de su sector y por qué otras, con más posibilidades o recursos, se quedaban por el camino.

Simon Sinek expuso que, a la hora de trasladar un mensaje, ya sea a clientes o a tu equipo, se puede hacer de tres maneras:

1. Qué haces. La manera más simple. Se basa en detallar características, resaltar la obviedad y la generalidad.

2. Cómo lo haces. Entras en más detalles explicando procesos, acciones y aquello que consideras que puede ser distinto a lo que hacen los demás.

3. Por qué lo haces. Es el conocido WHY, el porqué en mayúsculas. Es aquello donde tus clientes o equipo se ven identificados. Es aquello que logra la diferenciación y atracción por lo que comunica.

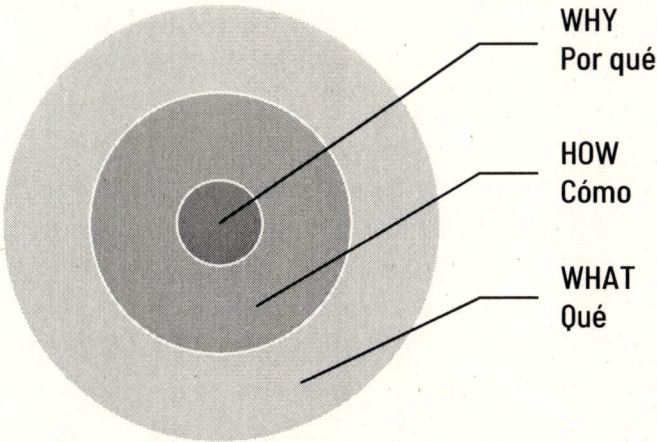

WHY
Por qué

HOW
Cómo

WHAT
Qué

Tanto en su presentación como en su libro *Empieza por el por qué*, Simon Sinek desarrolla una serie de ejemplos para explicar con detalle cómo se ejecuta el Círculo de oro y la importancia del WHY.

Para entender dicha importancia pongamos un ejemplo. Piensa en las distintas empresas del sector automovilístico. Nos vamos a centrar en una de ellas, BMW, y verás cómo se desarrolla un mensaje WHY para lograr crecimiento.

Empezando por el WHAT (Qué haces), cualquier empresa que se dedica a movilidad (motos, coches, patinetes, bicicletas, autobuses…) produce un producto que lleva del punto A al punto B. Si se traslada ese mensaje a los posibles clientes, se puede atraer a un determinado público objetivo, pero la realidad es que no genera ningún tipo de diferenciación y no es atrayente.

Siguiendo con el HOW (Cómo lo haces), vamos un paso más allá: el mensaje podría decir que la solución consiste en un vehículo que, mediante su motor, su caja de cambios, su estructura, su diseño y potencia te trasladan del punto A al punto B a una velocidad determinada en tanto tiempo. Este mensaje está justificando que se diferencia de otros competidores, o de otros productos similares, pero tampoco es un mensaje atractivo ni genera vinculación.

Ahora nos vamos a centrar en el mensaje de BMW: «¿Te gusta conducir?», lanzado en el año 2001. Ese mensaje logró un incremento de ventas, solo en España, del 11,4% con respecto al año anterior.

Es un mensaje que se centra en el porqué, WHY; es un mensaje atrayente porque identifica a un grupo determinado de personas y es tan genérico que se puede aplicar a cualquiera de las líneas de producto y soluciones de movilidad que tiene la empresa. En este caso, «¿Te gusta conducir?» es un mensaje se puede aplicar a todas las áreas de su negocio, tanto a sus automóviles como a sus motos.

Es un mensaje atractivo porque traslada una serie de sensaciones y sentimientos con los que el público objetivo se puede identificar fácilmente. Además, aporta diferenciación con respecto al resto de las empresas del sector automovilístico.

El WHY debe ser un mensaje o eslogan que apele a las emociones y sentimientos.

Al planteamiento de Simon Sinek le falta algo, porque solamente con el mensaje no se logran los resultados. El mensaje debe ir acompañado además de un estilo, carácter, personalidad o *know how*. El cliente o público objetivo tendrá unas expectativas, generadas por el mensaje, y las tiene que verificar. Si sus expectativas no se corresponden con lo que al final recibe viene el desencanto y como resultado la generación de mala reputación e imagen.

Acompañando al mensaje, tiene que existir un *know how* o un carácter empresarial, que podemos denominar así. Ese carácter empresarial en una *start-up* se corresponde con la personalidad de la persona que emprende: la conjunción de sus habilidades, aptitudes y actitudes. En el caso de varios socios, el conjunto de ellas pero, como en cualquier grupo de personas, una es la que destaca.

Piensa como si tu proyecto empresarial fuera un grupo de música o un equipo deportivo; en estos casos normalmente es el solista o el delantero el que destaca.

En el resto de etapas (Emprendimiento, Seguimiento, Retadora y Liderazgo) se establece una misión, visión y valores corporativos que conforman ese carácter empresarial. Lo que se establece en esos elementos (misión, visión y valores corporativos) se ha de aplicar y debe coincidir con el mensaje; si no es así, no se logra ese crecimiento.

Pongamos un ejemplo muy reconocido. Apple fue fundada por un grupo de personas entre las que destacaba la figura de Steve Jobs. También había una segunda figura, Steve Wozniak, pero la figura de Jobs era la principal. La personalidad y forma de ser de Steve Jobs coincidía claramente con el mensaje de la empresa: innovación y mejora continua. Jobs y Apple eran un binomio: donde terminaba uno empezaba el otro y a la inversa. El carácter de Apple estaba muy bien definido porque coincidía con el solista que la representaba, además de que el equipo de la empresa también compartía dicha visión.

En 1983, Jobs decide incorporar como director ejecutivo a John Sculley para gestionar el crecimiento de la empresa. Esto termina en la marcha, o más bien despido y ostracismo de Jobs, y durante más de 12 años Apple no crece, sino que retrocede. En 1996 vuelve Steve Jobs a la empresa y a partir de ese momento su crecimiento ha sido continuo, llevándola a ser una de las empresas más valoradas, al igual que su marca.

La razón de esto es que la personalidad de John Sculley y su forma de establecer su liderazgo, que se traduce en la definición del carácter empresarial (misión, visión y valores corporativos) no coincide con el WHY, mensaje o eslogan. Sculley es una persona analítica y esa personalidad no coincide con el mensaje de innovación y creatividad que Apple siempre ha trasladado, por ello los resultados durante su dirección nunca fueron los esperados, mientras que Jobs sí representaba al 100 % ese mensaje y su estilo de liderazgo se convirtió en el carácter (misión, visión y valores corporativos) que coincidía con su WHY.

Para establecer la personalidad de los líderes podemos hablar y utilizar herramientas como el eneagrama, DISC, gestalt, etc. Sin embargo, centrémonos en lo más simple, porque siempre es lo mejor. Para analizar la impronta de los líderes en el carácter empresarial hay que centrarse en qué tipo de inteligencia-personalidad tienen, y se clasifican en tres, inteligencia-personalidad creativa, inteligencia-personalidad analítica e inteligencia-personalidad práctica.

Si se analiza el WHY de las empresas más representativas, este coincide con el carácter empresarial y la personalidad de su líder, como podemos ver en:

- Tesla y Elon Musk (inteligencia-personalidad creativa).

- Meta y Mark Zuckerberg (inteligencia-personalidad analítica).

- Virgin y Richard Branson (inteligencia-personalidad práctica).

- Jack Ma y AliExpress (inteligencia-personalidad práctica),

- Bill Gates y Microsoft (inteligencia-personalidad analítica).

Por tanto, el primer paso para lograr un crecimiento continuo es que el WHY coincida con la personalidad del líder y con el carácter empresarial (misión, visión y valores corporativos).

Triángulo de crecimiento

Tras ese primer punto de partida para generar crecimiento, el binomio WHY-carácter empresarial, viene el siguiente: el triángulo de crecimiento.

Todo proyecto y empresa que quiere crecer necesita tres elementos clave: recursos, talento y herramientas. Según la capacidad que se tenga como líder o gestor para conseguir y combinar esos tres elementos, el proceso de crecimiento será posible, o no.

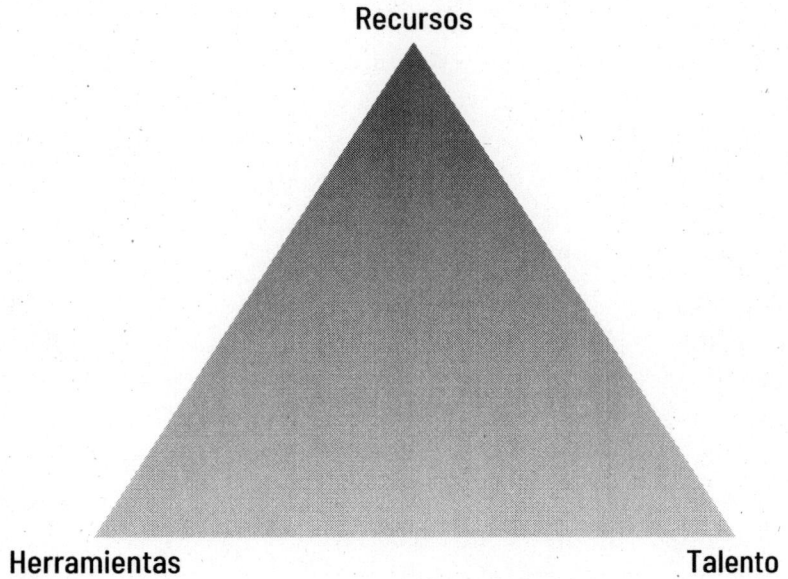

Recursos

Los recursos son todos aquellos elementos económicos y financieros que es capaz de capturar y conseguir un proyecto o empresa. Esos recursos son:

- Ingresos por ventas.

- Créditos y préstamos.

- Inversión.

- Capital inicial y ampliaciones de capital.

- *Cash-flow*.

- Acciones y bonos.

Con dichos recursos se consigue liquidez para poder hacer frente y desarrollar inversiones y actuaciones que van a generar el crecimiento que persigues.

De todos los recursos, el más importante son los ingresos por ventas, ya que si se obtienen ventas se está validando el modelo de negocio. Esos ingresos por ventas son los que permiten la captación y gestión del resto de recursos económicos y financieros.

Una *start-up* o proyecto de emprendimiento con unos ingresos por ventas, más o menos estables, y un crecimiento constante dentro de un periodo de tiempo captará la atención de los inversores, entidades financieras y las sociedades de capital riesgo (SCR) porque el modelo de negocio está validado. Otra cuestión será si con una inversión dicho proyecto es capaz de escalar y retornar la inversión en un plazo concreto, que es lo que buscan los inversores. Por ese motivo, no hay tantas *start-ups* o proyectos de emprendimientos que sean de interés para los inversores, ya que las ideas no valen nada para ellos, lo que importa es un crecimiento rápido y un retorno alto de lo que invierten.

El *cash-flow* se genera gracias a la diferencia entre los ingresos por ventas y los gastos e inversiones realizadas. Ese efectivo es el que se puede destinar para realizar más inversiones, devolver créditos y préstamos, generar ampliaciones de capital, etc.

El crecimiento y aceleración no se debe realizar únicamente mediante el *cash-flow*, lo que se conoce como «financiación a pulmón», porque genera un crecimiento muy lento. Es cierto que es más seguro, pero alarga bastante el proceso.

El *cash-flow* debe servir de base para tomar riesgos y acceder al mercado financiero solicitando créditos, préstamos, inversores, acciones, bonos, etc.

Si se accede a dicho mercado, se captan mayores recursos para destinarlos a invertir (nunca para pagar deudas anteriores a la inversión que se vaya a desarrollar) y para acciones de crecimiento que a su vez generan mayor *cash-flow*; y esto permite devolver lo solicitado o aumentar el valor, en el caso de las acciones. El endeudamiento de cualquier negocio es vital para lograr crecer y acelerar dicho crecimiento, teniendo en cuenta que no debería superar el 25-35 % de los ingresos netos anuales de la empresa. Si se planifica y estudia bien gracias a un plan económico-financiero, esta relación *cash-flow* con deuda se convierte en un circuito de crecimiento continuo.

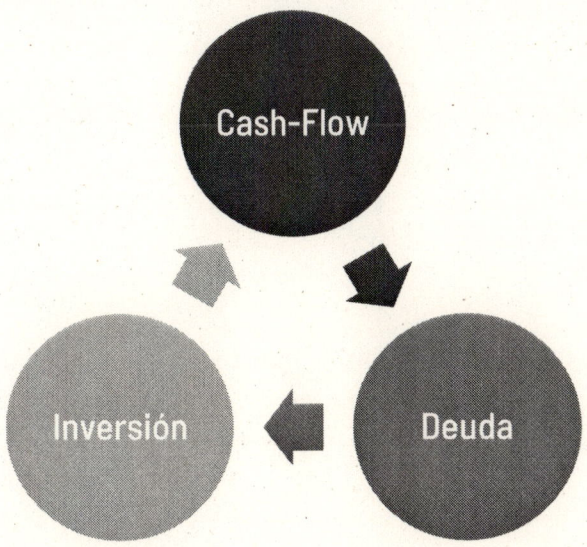

En resumen, lo primero que hay que hacer, en cualquier etapa de crecimiento, es centrarse en conseguir ingresos por ventas para tener *cash-flow* que capte financiación para invertir en acciones y elementos productivos que generen más ingresos y *cash-flow* .

Talento

Contar con talento, o capturarlo, es importante, ya que incorpora en el modelo de negocio un elemento que va a facilitar tanto la captación de recursos como la aplicación y aprovechamiento de las herramientas que son necesarias para el crecimiento empresarial.

Existe una parábola sobre los talentos que puede venir muy bien para explicar qué se debería hacer. En el evangelio de Mateo 25, 14-30, se explica que un hombre llamó a sus siervos y en función de sus capacidades les dio una bolsa con una cantidad de talentos (monedas) para que durante un año hicieran lo que quisieran con ellos. Al primero le dio 5 talentos y transcurrido el año este le devolvió esos 5 más otros 5 que consiguió al invertirlos. Al segundo le dio 3 talentos y después del año, este le devolvió esos 3 más otros 3 que también consiguió al invertirlos. Al último le dio 1 talento que después de un año se lo devolvió tal cual porque lo enterró para que no se perdiera.

Suele ocurrir que se capta o incorpora talento (personas por sus habilidades, aptitud, actitudes, experiencia, conocimientos…) en las empresas, pero se les entierra en tareas y actuaciones que no aprovechan dicho talento porque se les trata como máquinas para hacer rutinas.

Los talentos hay que explotarlos, hay que hacer que cualquier persona que forma parte del equipo o personal de la empresa aporte para generar crecimiento, no para competir en quién hace más tareas y en cuánto tiempo. Es cierto que hay que realizar una serie de actividades rutinarias y generales en cualquier empresa; sin embargo, si el 100% de la jornada laboral se destina a eso se está desperdiciando ese talento.

Google, por ejemplo, sigue una política de aprovechamiento de talento en la que el 20% de la jornada laboral de cada persona de su equipo se destina a desarrollar proyectos de mejora o innovación para ir por delante de cualquier competidor. Google fomenta que existan equipos multidisciplinares, así como internacionales, para generar dicha innovación o mejoras.

Puedes pensar que estos ejemplos de grandes empresas a veces pueden estar muy alejados de la realidad de la gran mayoría de empresas o de la tuya propia, y en parte te doy la razón. Ten en cuenta que esas empresas también fueron *Start-up*, Emprendimiento, Seguimiento y Retadora antes de convertirse en líderes, y algo hacían diferente desde sus inicios para ir avanzando y creciendo hasta llegar a donde han llegado.

Puede que para tu *start-up*, Emprendimiento o cualquier otra etapa de la espiral en la que te encuentres, destinar un 20 % de la jornada laboral cuando estás centrado en la captación de ingresos por ventas no sea lo prioritario en ese momento. Lo cierto es que el tamaño de tu empresa, o en la etapa en la que te encuentres, no te permita realizar esa acción como está concebida, aunque podrías valorar otras muchas formas de cómo aprovechar ese talento. La realidad es que aprovechando el talento sientas las bases de tu crecimiento, y si no trabajas en ello, los resultados son:

- Estancamiento de ingresos o en la etapa de la espiral.

- Desmotivación del equipo.

- Falta de involucración del equipo.

- Baja productividad.

- Disminución o mínima rentabilidad por persona con respecto al sector.

- Cuellos de botella en determinadas personas o, incluso, en dirección.

- Sobrecarga de tareas, que en la mayoría de los casos no son importantes.

- Etc.

Es muy curioso que cuando se contrata a una persona se hace por ese talento (habilidades, aptitud, actitudes, experiencia, conocimientos...), pero una vez que entra en la maquinaria y forma de trabajar del negocio, ese talento es aplastado por ella.

Existe una segunda opción: contar con colaboradores o subcontratas. A esta opción, al no formar parte de la empresa, se le exige una serie de requisitos que son mayores debido a que debe cumplir con una experiencia y unos conocimientos ya adquiridos, junto a que, sobre todo en la subcontrata, requieren un coste económico normalmente superior a la contratación del equipo interno.

Además, para que esta opción pueda funcionar bien y genere crecimiento a largo plazo, ya sean los colaboradores o las subcontratas la opción elegida, deben compartir los valores y la forma de trabajar que tiene el proyecto o la empresa. De esa manera, la relación, gestión y desarrollo conjunto será más fluido y facilitará conseguir alcanzar los objetivos para lo que se establece dicha relación.

Cuando seleccionamos a los colaboradores tenemos que plantearnos que serán unos socios con los que vamos a establecer una relación conjunta que, aunque no sean de nuestra empresa o proyecto empresarial, van a ser una parte o un agregado más de ella. Van a convertirse en unos miembros más de nuestro equipo, aunque sean externos; por tanto, su involucración debe ser máxima.

En el caso de las subcontratas, en estadios iniciales de la espiral, suele facilitar el crecimiento de una forma más rápida, porque desde el minuto uno que la subcontrata trabaja en el proyecto empresarial es totalmente operativa. Si se hiciera mediante talento interno podría ser más lento, salvo que se contrate talento muy sénior.

En los estadios más avanzados de la espiral, la subcontratación se utiliza para desarrollar acciones y proyectos que faciliten llegar a una nueva etapa y, una vez alcanzada, ir sustituyéndola por talento interno. Tanto en un caso como en el otro, el resultado es el mismo: crecer y avanzar de etapa.

La ventaja primordial de poder contar con subcontratas y colaboradores es que aportan un bagaje y experiencia en otros sectores, tipologías de clientes y mercados, lo cual es beneficioso para ampliar miras y desarrollar innovación, que finalmente se traduce en diferenciación frente a la competencia y del resto del entorno competitivo.

Herramientas

Las herramientas comprenden procesos, procedimientos y elementos productivos (ordenadores, maquinaria, robots, instalaciones…) que facilitan y permiten la transformación de costes en generación de ingresos.

Sería imposible desglosar qué tipo de instalaciones, maquinaria o cualquier tipo de herramienta que conforman el inmovilizado de cualquier empresa son las más interesantes o clave. Habría que detallar sector por sector, sus interrelaciones por mercados y sus posibles combinaciones (local, regional, internacional, B2B, B2C, financiero, industrial, digital, etc.), junto con los ejemplos de estructuras de éxito. En vez de un libro habría que escribir una enciclopedia.

Lo que sí vamos a hacer es centrarnos en las herramientas más eficaces para generar crecimiento basándonos en los procesos y procedimientos que suelen ser más generales.

Cualquier negocio se encuentra en un entorno con muchas incertidumbres y cambios constantes. Es lo que se conoce como entorno VUCA [Volátil, *Uncertaninty* (Incertidumbre), Complejo, Ambiguo]. Pero tras la pandemia se habla de un entorno BANI [*Brittle*

(Frágil), Ansioso, No lineal e Incomprensible], acrónimo sobre el que algunos autores concluyen que sustituye al anterior. La realidad es que nuestro entorno actual es una combinación de ambos.

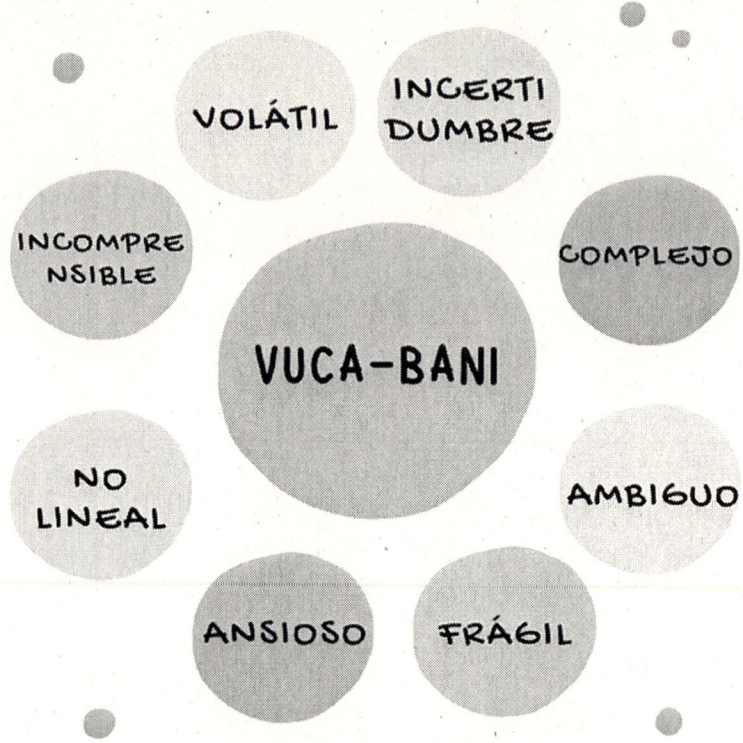

La nueva revolución industrial en la que estamos inmersos ha generado, y aún está generando, la aplicación de:

- Robótica y automatización de procesos físicos.

- Avances en biotecnología y desarrollo de nuevos procedimientos. Un ejemplo son las vacunas de la COVID-19 basadas en ARN.

- Nuevos materiales y procesos de fabricación como la impresión 3D.

- Incorporación a la vida diaria del Internet de las cosas (IoT). Como ejemplo están Alexa, la domótica y los vehículos sin conductor.

- Transmisión, almacenamiento y captura de energía con las baterías fotovoltaicas y eléctricas.

- Inteligencia artificial (IA), *blockchain*, realidad aumentada y realidad virtual.

Y cada una de ellas está acelerando el cambio de la sociedad y del entorno donde los cambios antes de Internet y las nuevas tecnologías se producían por generaciones (25 años) y ahora se producen de manera anual y, en algunos casos, incluso por semestres.

Esto provoca que cualquier tipo de empresa o negocio, en cualquiera de las etapas de la espiral, esté continuamente adaptándose al entorno. Por ello, se ha de incorporar una filosofía empresarial que incluya procesos, metodologías y herramientas *Agile* y *Lean*.

Agile consiste en todas aquellas acciones, procedimientos y técnicas que persiguen desarrollar un producto y/o servicio que sea de interés para los clientes y que se valide rápidamente. *Lean* trata de todas aquellas metodologías y herramientas que se encargan de desarrollar un proceso que facilite un producto y/o servicio con el mayor valor posible para los clientes.

Entre las herramientas *Agile* se encuentran *Design thinking*, *Kanban*, *Scrum* y el modelo Canvas, como las principales. Entre las herramientas *Lean* encontramos el *Lean Canvas*, *Six Sigma*, *Lean manufacturing* y *Lean management*. Ambas tipologías de herramientas se basan en:

1. Colaboración y trabajo en equipo.

2. Validación de hipótesis y prototipos.

3. Poner el foco en dar solución a las demandas y necesidades de los clientes.

4. Mejora continua.

5. Ejecución al menor coste posible.

6. Implantación inmediata.

7. Entrega de valor y diferenciación.

Cuadrado de crecimiento

El triángulo de crecimiento es la estrategia y el cuadrado de crecimiento es la táctica detrás de los procesos que veremos en los ca-
pítulos siguientes. El cuadrado se conforma por clientes, equipo,
formación y *Kaizen*.

Cada uno de esos elementos es un pilar para el desarrollo del crecimiento y el avance en la espiral. Puedes focalizar tu atención en uno
de ellos y gracias a esa actuación lograrás crecer, pero el efecto multiplicador se logra cuando los incorporas todos dentro del proceso.

Clientes   Equipo

Kaizen   Formación

Clientes

Para que realmente exista una empresa o negocio se tiene que contar con clientes. Los clientes son los que garantizan los ingresos. Sam Walton, fundador de Walmart, siempre decía que los verdaderos dueños de la empresa son los clientes. Si ellos están contentos, vuelven, compran y ayudan a que la empresa crezca. Si no lo están, no vuelven, no compran y con ello, comienza el colapso de la empresa.

Para que el cliente sea lo primero hay que incorporar el *customer-centric* en todo lo que se ejecute dentro de la empresa. Esto conlleva tener muy bien definido y conocer cada uno de los aspectos de tus clientes. No solo hay que trabajar en cuáles son sus necesidades actuales, sino también estar vigilando cuáles son las tendencias y qué demandas tendrán en el futuro para poder estar en la primera línea de salida.

El objetivo de conocer con detalle a tus clientes es poder ofrecer esos productos y servicios que se adapten a ellos; presentar esa propuesta de valor que quieren y que supere sus expectativas, logrando con ello estar continuamente posicionados en su mente.

El *customer-centric* conlleva desarrollar una gran experiencia de compra o de cliente: cómo quieres superar sus expectativas y estar continuamente posicionado como su primera opción. Cuando un cliente decide que quiere comprar un determinado producto o servicio, en su mente comienza a imaginar, y sobre todo experimentar, cómo será el resultado de dicha compra. Se han establecido unos criterios personales de cómo quiere que le traten y cómo quiere que sea esa experiencia de compra, al igual que cómo será el resultado de la experiencia de uso de dicha propuesta de valor.

El trabajo de cualquier empresa o proyecto empresarial es averiguar cuáles son esos criterios personales, expectativas y elementos que harán que la experiencia de compra de sus clientes sea lo más satisfactoria posible. Si te das cuenta, no he hablado ni de características del producto, ni de cómo se llama el servicio, ni del color o tamaño: no estoy hablando de ningún elemento físico. Hablo de sentimientos, emociones, expectativas, experiencias, motivaciones y subjetividades.

El cliente selecciona una determinada empresa, marca o propuesta de valor porque siente una determinada vinculación con ella y un sentimiento, o si lo quieres llamar presentimiento, de que comprándolo obtendrá una sensación concreta que quiere conseguir. Puede ser un sentimiento de alegría, de seguridad, de superación, de pertenencia de grupo, etc.

El objetivo con el *customer-centric* es conocer al detalle qué resultado final quiere obtener tu cliente y diseñar una propuesta de valor que logre esa sensación. Tienes que conocer cada elemento que conforma su proceso de decisión de compra (amigos, referencias, puntuaciones, página web, atención al cliente, instalaciones…) para incorporar elementos que le vayan acercando a esa sensación que persigue, siendo un proceso *in crescendo*, que idealmente debería terminar en un éxtasis de sensaciones.

Es complicado que sepas qué quiere cada cliente individualmente, pero sí puedes saber lo que quiere un grupo concreto de clientes detallando aspectos más generales y específicos de forma grupal. Es importante pensar en el grupo porque no se trata de una sola venta, se trata de conseguir el mayor número de ventas posibles para conseguir ingresos continuados y estables. Ese grupo de clientes es lo que se define como segmento de clientes.

Cada negocio puede establecer distintos segmentos de clientes y plantear distintas acciones para conseguir que sean sus clientes. Para tener éxito en el crecimiento y avanzar por la espiral, los distintos segmentos deben tener algún elemento común, porque de esa manera se facilitará atraerlos a todos mediante el WHY, aunque luego la experiencia de cliente sea distinta y personalizada en cada segmento, ya que el resultado final perseguido por cada segmento no será el mismo.

Equipo

Prefiero hablar de equipo que de personal, empleados, subordinados o trabajadores, porque equipo significa objetivos comunes, involucración, superación, generosidad, etc. Si lo que tienes en tu empresa no es un equipo, lo más probable es que te ocurra lo siguiente según Wrike.com:

- El 57 % de tus trabajadores no está comprometido.

- El 60 % de tus trabajadores prefiere trabajar de forma individual que en equipo.

- El 79 % de tus trabajadores no cree en la misión y visión de la empresa ni ejecutan los valores corporativos.

- El 84 % de tus trabajadores considera que su carga de trabajo es excesiva.

- El 48 % de tus trabajadores saca adelante menos trabajo de lo habitual.

- Al 35 % de tus trabajadores no le importa si el trabajo se ha realizado bien o si los resultados de este son positivos o negativos para tu empresa.

- El 15 % de tus trabajadores llega tarde, sale temprano o se toma varios tiempos libres durante la jornada laboral.

- El 80% de tus trabajadores piensa que no tiene las herramientas, los recursos o el apoyo que necesita para ejecutar su trabajo.

- El 71% de tus trabajadores siente que su retribución económica no es justa.

- El 91% de tus trabajadores opina que no eres un líder que motiva ni inspira.

Lo puedes llamar como quieras, pero lo cierto es que si ese es tu panorama, dentro de tu empresa tienes mercenarios que a la menor oportunidad de una oferta o cambio que detecten se irán.

Las empresas tienen que conformar equipos. Los equipos trabajan en común por un mismo objetivo. Los equipos colaboran entre ellos, se apoyan y se ayudan. El trabajo en equipo mejora las relaciones entre las personas que lo conforman, aumenta su productividad, están más contentos y generan un buen clima laboral. Si la empresa plantea una estrategia de equipo, los resultados son:

- Aumento de la productividad un 31%.

- Aumento de las ventas un 37%.

- Aumento de la retención del talento un 44%.

- Disminución de la rotación laboral un 51%.

- Disminución de los incidentes y accidentes un 70%.

Para lograr esa situación, debes pensar como un líder o el entrenador de tu equipo. Los líderes y entrenadores marcan la estrategia, las líneas a seguir y se responsabilizan de los resultados, pero en el terreno de juego es el equipo quien toma las decisiones conforme a las circunstancias que se les plantean. Tienes que supervisar qué se hace, motivar e inspirar cuando sea necesario, apoyar y mejorar las carencias de tu equipo, involucrarte y ser uno más del equipo, y si los resultados no se logran proponer y consensuar con el equipo qué cambios hacer para alcanzarlos.

La dirección, poder y control de una empresa no se pierde porque seas un ser humano y uno más: se pierde por ser un tirano, dictador y manipulador. Podrás pensar que algunas empresas no piensan ni trabajan en equipo y les va bien. También es cierto que no están aprovechando todos los beneficios del trabajo en equipo. Imagina la siguiente situación: dos empresas del mismo sector, con los mismos tipos de clientes y propuestas de valor: TEAM S.A. y TIRANÍA S.A. TIRANÍA S.A. es una empresa reconocida, con unas ventas superiores a 15.000.000 € y con más de 25 años en el sector. TEAM S.A. es una empresa que está creciendo, surgió en los últimos 10 años y con unas ventas actuales de 8.000.000 €. Ambas empresas tienen los mismos recursos, forma de trabajar, objetivos y salarios, la única diferencia es el clima laboral de TEAM S.A., basado en el trabajo en equipo. Un buen día, un periodista quiere redactar un artículo sobre ambas en el que explica su forma de trabajar, sus planes de futuro, su forma de liderazgo y su experiencia. ¿Qué pasará cuando TEAM S.A. lance alguna oferta de empleo para cubrir un puesto de trabajo? Lo más probable es que alguien del equipo de TIRANÍA S.A. quiera salir de un ambiente opresivo a un lugar con más libertad. En un determinado plazo TEAM S.A. puede llegar a captar el gran talento que TIRANÍA S.A. tiene inutilizado. Eso significa más cuota de mercado, más clientes, más crecimiento y un nuevo salto en la espiral.

Los equipos empresariales deben planificarse. Hay que plantearse qué talento (habilidades, aptitudes, actitudes y experiencia) debe tener cada posición o rol profesional, y conseguir que la persona que se incorpore las cumpla o tenga los valores más cercanos a lo ideal. Cada posición ha de complementar al resto de posiciones del equipo. Y como en cualquier equipo deportivo, puede haber una *prima donna* pero no todos pueden ser *prima donna*. Los equipos tienen que ser colaborativos y responsables de su trabajo, acciones y tareas. Son ellos los que se deben organizar basándose en líneas estratégicas y objetivos. La colaboración y el empoderamiento del equipo es vital para el crecimiento.

Cuando se ha explicado el talento en el triángulo se mencionó a las subcontratas y las colaboraciones como posibles opciones. Lo volvemos a retomar de nuevo porque parte de nuestro equipo puede ser alguna o las dos opciones.

A la hora de seleccionarlas, en ambos casos debemos tener en cuenta que compartimos objetivos, forma de pensar, actuar… pero sobre todo que existe comunicación. Todo aquello que compartamos me va a ayudar a lograr un entendimiento y comprensión sobre lo que quiero lograr, pero gracias a la comunicación continua voy a lograr que se consiga lo que quiero alcanzar, no solo porque me comprenden, sino porque también me entienden y empatizan conmigo.

Si se empatiza con las subcontratas y los colaboradores, existen mayores posibilidades de lograr el objetivo, ya que al empatizar están dispuestos a ser más colaborativos, involucrarse en el proyecto, generar una buena interrelación, ser más productivos y aportar soluciones continuamente cada vez que surja un problema. Serían uno más del equipo.

Formación

Una vez que la empresa se conforma mediante equipos, estos puede que no cuenten con el perfil ideal del talento que cada miembro ocupa en su puesto determinado; además la empresa o proyecto empresarial se enfrenta a un entorno VUCA-BANI que obliga a adaptarse y a adquirir nuevas habilidades.

Cualquier líder debe procurar que su equipo esté continuamente formándose para poder enfrentarse a los retos que surgen y alcanzar los objetivos que se persiguen.

La realidad es que una formación bien diseñada, gestionada y, sobre todo, aplicada, logra que la productividad y rentabilidad por persona aumente. Pero para lograrlo lo primero es planificar qué es lo que realmente necesita la empresa, las personas del equipo y los clientes.

La formación continua del equipo debe comenzar por detectar lo que realmente se necesita y no focalizarse en la última moda formativa que te ofrezcan. Cuando ya se conocen las necesidades reales del equipo es el momento de planificar la formación de cada miembro, individualmente o en su conjunto, para todo el año, no solo para un periodo concreto. Y lo más importante: tras la formación, el equipo debe aplicar lo aprendido.

Si planificas lo que hay que mejorar, estableces la formación sobre eso que hay que mejorar y se aplica dicha formación, se consigue en un periodo de entre 3 y 6 meses un 7,5 % de aumento de la productividad por empleado. Ahora, plantéate qué ocurriría con la productividad y rentabilidad de tu empresa o proyecto si formaras a tu equipo y aplicaras esa formación en ciclos de 6 meses. Se convertiría en un efecto multiplicador, no solo en ese periodo sino en toda la vida profesional de cada persona de tu equipo.

Kaizen

Kaizen es la unión de dos caracteres japoneses, 改善. *Kai* en japonés significa cambio o acción de mejorar, y *Zen* significa bueno o beneficioso. *Kaizen* se puede traducir como cambio continuo, desarrollo continuo, mejora continua o innovación continua.

Kaizen es una metodología y una filosofía. Conjuga un proceso con una manera de pensar porque se persigue hacerlo siempre mejor que como se está haciendo. Es una metodología cíclica, sin fin, centrada en un progreso continuo.

La gran representante de esta metodología es la empresa Toyota, que ha proporcionado distintas herramientas y conceptos *Agile* y *Lean* basándose en la filosofía del *Kaizen*. Toyota ha desarrollado una serie de técnicas y formas de trabajar como son:

- El diagrama de pez o *Ishikawa*.

- *Just-in-Time*.

- *Six Sigma*.

- *Kanban*.

- *Jidoka*.

- *Lean Manufacturing*.

- Etc.

Kaizen es un trabajo interno continuo que se desarrolla en todas las áreas de la empresa. No se basa en si el entorno es favorable o

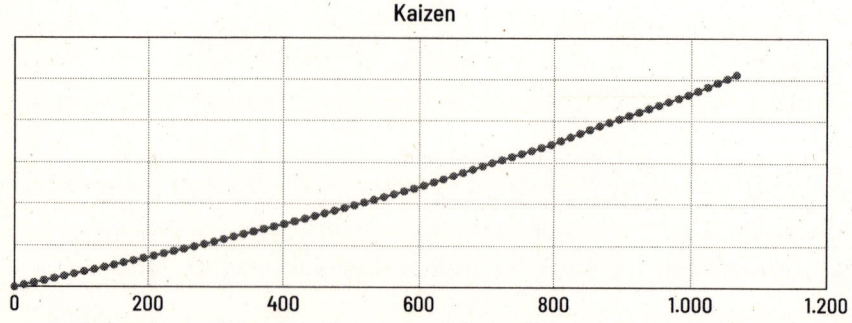

desfavorable. Persigue, sea cual sea la situación, alcanzar un resultado mejor que el anterior, busca la excelencia. Desde ese punto interno, la excelencia logra aumentar la productividad y rentabilidad. Desde el punto externo, la excelencia proporciona diferenciación frente a la competencia y atrae clientes.

Kaizen se centra en las personas y cómo a través de ellas establecer los procesos. Todo ello pensando en un desarrollo continuo y de pequeños cambios que generan grandes resultados.

Cuando se desarrolla *Kaizen* no se piensa en un gran salto cualitativo de una sola vez, sino que se trabaja aplicando un paso cada vez, afianzarlo, y luego pasar al siguiente, haciéndolo de manera sucesiva. Pongamos un ejemplo: si aplicas una mejora cada 15 días de un 1 % sobre tu forma de trabajar, en un año serás un 27 % mejor que el primer día, en un año y medio serás 1,5 veces mejor que antes, y después de 3 años serás 2 veces mejor que al principio.

4
¿CUÁL ES EL CAMINO PARA CRECER?

Ahora es el momento de la acción. Vamos a desarrollar los distintos pasos a seguir en cada una de las etapas de la espiral (*Start-up*, Emprendimiento, Seguimiento, Retadora y Liderazgo) explicando las técnicas, herramientas y procesos a seguir para poder avanzar al siguiente nivel. Si ya cumples con todos los requisitos de tu fase y estás listo para pasar a la siguiente, dirígete directamente a la página del libro donde comienza esa etapa para que lo apliques cuanto antes y puedas seguir creciendo. O si consideras que siempre se puede mejorar, aprender algo o reforzar aspectos, sin importar en la etapa en la que te encuentres, sigue el recorrido de la espiral.

Círculo de crecimiento

Antes de comenzar con la etapa inicial de la espiral, *Start-up*, es importante entender el concepto del círculo de crecimiento. Aunque ya se ha mencionado en contextos anteriores, no se ha abordado como un concepto integral, sino más bien en referencia a componentes o resultados de estrategias y tácticas específicas. Al perfeccionar las técnicas, herramientas y procesos en cada fase, logramos una ejecución impecable y sin errores, y ¿qué hay más perfecto que un círculo?

Hablo de círculo y no de circunferencia, porque el círculo es todo lo que contiene la circunferencia; por tanto, es un contenedor (binomio, triángulo y cuadrado) y cuenta con una forma de medirlo,

360º, que nos da la posibilidad de establecer hitos o fases en el círculo, y si existiera una fórmula matemática o algoritmo que pudiera medir y marcar en qué fase del éxito empresarial te encuentras, permitir en algún futuro establecerla.

Te estarás preguntando, ¿cuáles serían las fases o hitos de ese círculo? Pues son las siguientes:

Independientemente de la etapa de la espiral en la que estés, los ingresos de la empresa o el proyecto empresarial se convierten en una fuente de inversión, a través del *cash-flow*, en principio. La inversión, ya sea en elementos físicos y/o en inmateriales, genera productividad, lo que a su vez se convierte en más oportunidades de aumentar los ingresos. Y así sucesivamente.

Y ¿cómo pasamos del círculo a la espiral? Pues hay una concatenación entre la última fase del círculo con la siguiente, de la productividad a los ingresos, como si fuese un peldaño de una escalera que te lleva a la siguiente etapa, lo que se define como escalar en el entorno empresarial. Cuando se optimiza el aumento de la rentabilidad y productividad se pasa de etapa y se vuelve a repetir todo el ciclo.

5
START-UP

Para que exista un modelo de negocio se han de cumplir tres requisitos: una oportunidad de mercado, una o varias personas emprendedoras y recursos para llevarlo a cabo.

El principal problema de las *start-ups* que solo se quedan en eso es que flaquean en alguno o en los tres requisitos, o porque no se interrelacionan bien.

A continuación te voy a desglosar una serie de pasos para lograr dicha interrelación y que te van a servir de base para desarrollar el modelo de crecimiento de la espiral, ya que muchos de ellos se utilizan en todo el recorrido y sirven para escalar.

Segmentación

Para detectar una oportunidad de mercado debemos saber qué necesidades, demandas, intereses y motivaciones puede tener dicho mercado. Y todo empieza por la segmentación.

El proceso de segmentación consiste en una clasificación específica de distintos perfiles de público objetivo o posibles clientes. Esa clasificación puede concretarse en un número específico de segmentos que dependerá del sector, del mercado, la tipología de posibles clientes —ya que no es lo mismo consumidores finales (B2C) que cuando los clientes son otras empresas (B2B)—, o en qué consiste el proyecto empresarial o modelo de negocio.

Normalmente la segmentación se suele centrar en aspectos socio-demográficos; por ello se hacen segmentaciones generacionales como la generación X, los *millennials*, los *baby boomers*… u otras que se centran en otras características generales como la localización geográfica, el nivel de renta, el sexo, etc. No obstante, la realidad es que los clientes de cualquier empresa o proyecto empresarial pueden tener características sociodemográficas distintas, como que un cliente tenga 25 años y otro 55, uno viva en el campo y el otro en una gran ciudad; pero entre ambos habrá algo en común, lo que nos obliga a pensar que existen otras variables en los posibles perfiles de segmentación que permitan hacer una mejor clasificación de los posibles clientes.

Aparte de los elementos sociodemográficos de los posibles clientes tienes que estudiar otros aspectos que se conocen como psicográficos que incluyen el estilo de vida, los beneficios que persiguen a la hora de comprar, el uso que le dan a dicho producto, su forma de pensar y todos aquellos que te van a facilitar establecer elementos comunes para desarrollar la segmentación y comprender dónde realmente puede haber una oportunidad de mercado.

Resumiendo: personas de distintas edades, con distintas culturas, de distintos países y distintos niveles de rentas compran lo mismo. Tienes que averiguar el motivo.

Pues empecemos con la primera herramienta que vamos a utilizar en la espiral de crecimiento y que nos va a ayudar a desarrollar la segmentación de clientes: el mapa de empatía.

Mapa de empatía

El mapa de empatía te va a servir para conocer al detalle el contexto personal, las necesidades, el proceso de toma de decisiones y estilo de vida de tus posibles clientes.

El mapa se divide en seis cuadrantes: cuatro preguntas y dos elementos de experiencia, como se puede ver en la siguiente imagen:

Mapa de Empatía

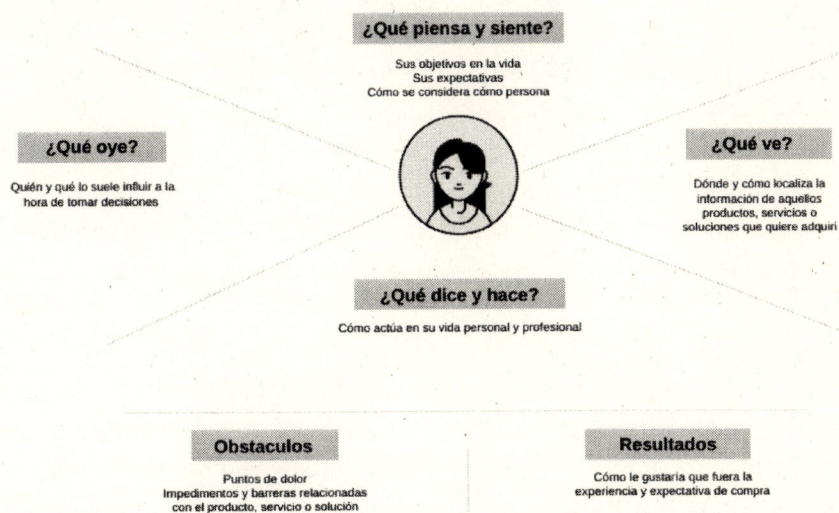

Para su desarrollo, se empieza por el cuadrante «¿Qué piensa y siente?». En este cuadrante tienes que estudiar todos aquellos objetivos, pensamientos, motivaciones, intereses, opiniones y sentimientos que tiene una determinada persona que puede ser tu público objetivo.

El siguiente cuadrante, «¿Qué ve?», es donde se analizan todos aquellos medios y elementos que atraen y llaman la atención de tus posibles clientes en su vida diaria con respecto a una propuesta de valor que quieren conseguir. No solo se incluirán aquellos elementos gráficos, visuales y audiovisuales que le facilitan la información, sino también esa rutina diaria que le acerca a las distintas soluciones, productos o servicios que van a cubrir sus necesidades. Ejemplos de elementos que puede englobar este cuadrante pueden ser desde anuncios con una imagen en redes sociales o su rutina de ir al gimnasio, hasta disfrutar un fin de semana con amigos comiendo o viajando en coche, porque visualiza aquello que quiere conseguir.

Se sigue con el cuadrante «¿Qué oye?». En este cuadrante te tienes que centrar en conocer todos aquellos elementos y personas que influyen a los clientes a la hora de tomar decisiones, los cuales podrían ser su familia, amigos, *influencers*, famosos, presentadores televisivos, YouTube, etc.

En el cuarto cuadrante tienes que conocer «¿Qué dice y qué hace?», que comprende todas esas acciones y procesos que realiza dicha persona en su vida diaria. Lo ideal será que lo que dice coincida con lo que hace, pero presumiblemente no ocurrirá. Lo habitual es que dicha persona especifique qué es lo que le gustaría hacer, que estará muy relacionado con lo que piensa y lo que siente, y finalmente ejecute y haga lo que el entorno y posibilidades le permitan.

El primer cuadrante de experiencia es Obstáculos, donde se localizan todos aquellos aspectos que le impiden conseguir lo que quiere lograr: sus objetivos, sus necesidades, sus intereses… En definitiva, lo que se define como puntos de dolor. Este apartado es importante porque te va a dar una de las piezas sobre lo que los posibles clientes buscan en el mercado y no encuentran porque no se adapta al 100 % de lo que persiguen. Por tanto, existen posibilidades de desarrollar propuestas de valor que sí se adapten y cumplan con los requisitos.

El segundo cuadrante de experiencias es Resultados. En este te focalizas en los objetivos, aspiraciones, beneficios y expectativas que quiere lograr el consumidor. Es otra de las piezas para desarrollar esas propuestas de valor diferenciadoras frente a la competencia y que encaje con lo que quieren los clientes.

Ambas piezas te van a permitir detectar esa oportunidad u oportunidades de mercado que existen.

Desarrollar el mapa de empatía no consiste en representar a una sola persona que pueda ser tu público objetivo, sino que se basa en representar a la muestra global de clientes (por tanto, grupos de personas) que van a ser tus futuros clientes. El mapa de empatía representa a una gran mayoría; en él se deben anotar todos aquellos aspectos comunes y todos aquellos que, en un momento dado, aunque sean diferentes, puedan ser relevantes y de interés.

A la hora de conseguir la información del público objetivo para desarrollar el mapa de empatía, lo más interesante es recopilarla mediante entrevistas personales. Las entrevistas personales permiten realizar una serie de preguntas abiertas que facilitarán la captación de dicha información y conocer con amplitud y detalle todo el proceso de toma de decisiones, las expectativas, los puntos de dolor, la experiencia como cliente, sus opiniones, sus demandas, sus necesidades, sus motivaciones, sus objetivos, etc.

Para poder conseguir el máximo de fiabilidad de las posibles respuestas se ha de seleccionar una muestra estadística representativa del público objetivo. Lo más habitual, aunque habrá que estudiar cada caso independiente de esta media, es contactar con entre 300 y 550 personas. Es importante valorar también que el plazo para realizar dicha actuación tiene que ser corto, debido a que la información recogida va a ser una foto fija de un momento concreto en una situación determinada. Si por cualquier motivo el entorno cambiara —imagina una crisis o pandemia— , muy probablemente, gran parte de las respuestas recogidas no coincidan con esa nueva situación.

Por mi experiencia, y tomando como base el estudio realizado por Jacob Nielsen sobre la usabilidad del entorno digital, se puede reducir considerablemente el número de entrevistas, obteniendo resultados fidedignos.

Jacob Nielsen detectó que, en el entorno virtual, una muestra representativa del público objetivo de entre 5 y 10 personas validaba el 85% de las respuestas recibidas sobre una muestra mayor de representación estadística.

La realidad es que las personas actuamos de un modo muy similar en los entornos virtuales y en los físicos y, repito, por mi experiencia a través de los proyectos y empresas asesoradas, dichos resultados se constatan. Si lo trasladamos a nuestro mapa de empatía, lo primero sería seleccionar a esas 5 a 10 personas que coincidan realmente con el público objetivo para que sea una muestra representativa. Dependiendo de la etapa de la espiral en la que estés, esas personas pueden coincidir con tus futuros clientes, con tus actuales clientes que localizas en tu base de datos o con los clientes de tu competencia que quieres conseguir; en definitiva, aquellos clientes que realmente quieres lograr, aumentar o captar.

Una vez seleccionada la muestra, 5-10 personas, lo importante es hacerles las preguntas correctas para obtener el máximo de información posible, que te permitan ampliarla con preguntas complementarias. En función de la información que estás recibiendo, céntrate en lo que necesita tu empresa o proyecto de emprendimiento, que serán las oportunidades de negocio. Has de poner foco en cómo piensa, cómo actúa, cómo procesa la información, cómo toma las decisiones, cómo es su estilo de vida, cuáles son sus objetivos, cuál sería su situación ideal, cómo se considera como persona, qué quiere conseguir a la hora de comprar un determinado producto o servicio, cuáles son sus expectativas, etc. No hagas una encuesta: mantén una conversación.

Con dicha información podrás diseñar el mapa de empatía y definir cada uno de los cuadrantes.

Seguro que alguien estará pensando en este momento que su empresa o proyecto empresarial no puede hacer el mapa de empatía porque sus clientes son empresas y no personas. Siento decírtelo, pero, en parte, estás en un error. Es cierto que en un mercado B2B los procesos de compra son más complejos y con más personas interviniendo en ellos, pero voy a ponerte un ejemplo para que veas por qué te equivocas.

Imagina lo siguiente: vas a comprar al supermercado y, por simplificarlo mucho, o eres de los que llevan lista de la compra o eres de los que no la llevan. Si eres una persona que lleva una lista de compra, vas a comprar todo lo que está incluido en la lista y si, por casualidad, en algún momento, se te acerca alguien con un producto similar a uno de la lista, ofreciéndote una oferta o promoción que para poder beneficiarte de ella tienes que decidir comprarlo en ese mismo instante, tu respuesta será que no quieres la promoción. ¿El motivo? Porque eres una persona metódica, tu proceso de compra es muy elaborado y necesitas sopesar las distintas alternativas e información para saber si realmente la promoción es cierta. Ahora pongámonos en la situación de la persona que no lleva la lista de la compra y se le acerca la misma persona con la promoción. El resultado es que dicha persona sí aceptaría la promoción. ¿Por qué? Porque es una persona impulsiva, valora el precio por encima de todo y decide por afinidad personal. Ya seas un perfil u otro, tu forma de actuar y comprar personalmente no te la dejas en casa cuando vas a trabajar. Actúas de la misma manera: la persona metódica seleccionará proveedores con los mismos criterios con los que compra algo de la lista de la compra; y lo mismo para la persona impulsiva, que lo hará según sus criterios de compra cuando va al supermercado.

Buyer persona y Decision maker

El *Buyer persona* es una representación gráfica de todos aquellos aspectos psicográficos de un cliente ideal o de los actuales clientes que tiene la empresa.

Dicha representación gráfica incluye toda aquella información relevante y de interés que se ha obtenido a través del mapa de empatía, focalizándola en un perfil concreto y definido.

La información obtenida en el mapa de empatía puede contener al menos dos o tres tipos de perfiles de *buyer persona* a los que te puedes dirigir como clientes objetivos, cada uno de los cuales está buscando una propuesta de valor muy concreta.

Cia Rodríguez

Edad — 32 años

Sexo — mujer

Ocupación — especialista marketing

Estado Civil — casada

Nivel Educativo — universidad

Biografía
Breve resumen de cómo es dicha persona, cómo es su vida personal y profesional, y cuáles son sus intereses

Personalidad
Extrovertida
Emocional
Planificadora
Sensible

Objetivos
Cuáles son los objetivos personales y profesionales que quiere alcanzar

Puntos de dolor
Cuáles son los principales problemas con los que se encuentra a la hora de comprar, consumir o adquirir un determinado productos

¿Cómo nos encuentra?
Cuál es el canal o medio que utiliza para adquirir la solución, producto o servicio

Canales
Canal 1
Canal 2
Canal 3
Canal 4
0   20   40   60

Motivos de compra
Que le influencia a la de tomar decisiones y elegir una solución, producto o servicio

Percepción de la marca
Cómo valora las distintas opciones de marcas y empresas del mercado

Percepción Competencia
Puntos fuertes y débiles de la competencia según el Buyer Persona

Conjuntamente a los *buyer persona* están los *decision makers,* que son aquellas personas que participan o influyen a la hora de la toma de decisiones cuando se trata de propuestas de valor en mercados B2B.

El perfil de *decision maker* se puede definir gráficamente de la misma forma y usando la misma plantilla que los *buyer persona*, con la salvedad de que en estos perfiles hay que incluir información sobre el grado de influencia en la toma de decisiones, la fase de participación en el proceso de compra, información que necesita para valorar positivamente la oferta y cualquier otro tipo de información que sea importante dentro del proceso de compra para dicha persona.

Al definir el perfil del *buyer persona* vamos a detectar cuáles son aquellos elementos que podrían conformar una propuesta de valor diferenciada de la actual oferta que hay en el mercado.

Propuesta de valor

La propuesta de valor consiste en una solución, producto o servicio que cumple con todas las demandas y expectativas del cliente, y es lo suficientemente diferenciadora para que el cliente objetivo la considere más atractiva que el resto de las opciones que se encuentran en el mercado.

A la hora de desarrollar una propuesta de valor debemos tener en consideración una serie de elementos como la pirámide de Maslow, el carácter empresarial y el perfil de *buyer persona* y *decision makers* a los que nos vamos a dirigir.

Pirámide de Maslow

Abraham Maslow, en 1949, desarrolló un estudio sobre las necesidades de las personas basándose en una muestra de 3.500 perso-

PIRÁMIDE DE MASLOW

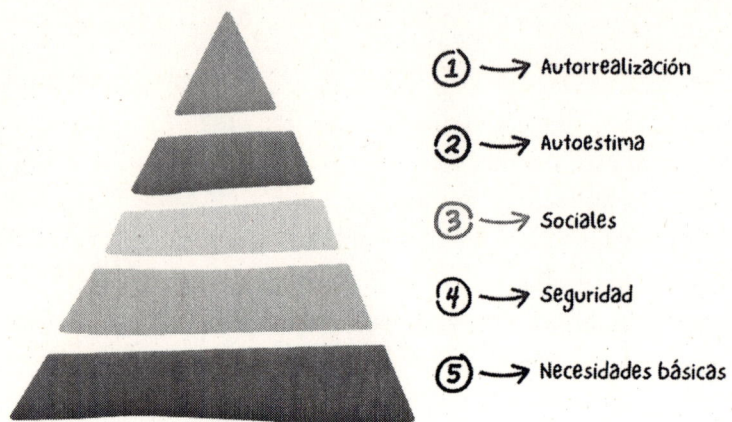

nas, aproximadamente, de Estados Unidos. El resultado de este estudio es la famosa pirámide de Maslow en la que se establecen cinco categorías de necesidades que tiene cualquier persona, y conforme se cubre una necesidad, se accede a satisfacer la siguiente. De esta forma se va ascendiendo a lo largo de toda la pirámide.

Las cinco necesidades son: básicas, de seguridad, sociales, de autoestima y de autorrealización.

Las necesidades básicas son necesidades principalmente fisiológicas, las que tenemos que cubrir para sobrevivir.

Le siguen las necesidades de seguridad: una vez que tenemos cubiertas las necesidades básicas, buscamos sentirnos seguros. Esto incluye seguridad física, empleo, recursos, salud, etc.

Las necesidades sociales tratan sobre cómo nos interrelacionamos y buscamos conectar con otros. Esto implica amistad, intimidad, familia y sentido de conexión.

Luego están las necesidades de autoestima, que son un poco más abstractas porque se conforman por el respeto de los demás hacia ti, reconocimiento y confianza en uno mismo.

Por último, las necesidades de autorrealización, que es el último nivel de la pirámide. Se trata de alcanzar todo tu potencial y cumplir tus sueños.

Cada una de estas necesidades está muy relacionada con el nivel de renta, ya que si he cubierto una parte de la pirámide, si quiero ascender a la siguiente, deberé contar con el nivel de renta suficiente como para poder cubrir dichas necesidades.

Como he señalado anteriormente, un análisis o estudio de mercado suele ser una foto fija de un momento concreto, y esto es lo que ocurre con la pirámide de Maslow, en este sentido de explicación y definición.

Seguro que habrás visto más de una película ambientada en EE.UU. de los años cincuenta y sesenta del siglo xx. Si analizas el estilo de vida que allí se muestra verás que es un fiel reflejo de dichas necesidades de aquellas familias que vivían en un entorno concreto con un nivel de renta específico. Pongamos el ejemplo de la Nueva York de aquella época. Tenemos a una familia cuyo sustento económico provenía del trabajo del padre, que solía ser un operario de los muelles, de una fábrica o bien mecánico. Esta familia vivía en barrios como Harlem, Hell's Kitchen o el Bronx, en una vivienda de alquiler, y todos sus ingresos se destinaban a las necesidades básicas.

Luego nos encontramos a esa familia con mayores posibilidades económicas, donde sus ingresos provenían de un empleo de oficinista, encargado o bien autoempleado. Esta familia se alejaba del centro de la ciudad para vivir en zonas residenciales, como Nueva Jersey, donde su vivienda era propia y, por tanto, ascendemos por la pirámide hacia las necesidades de seguridad.

Algunas familias que vivían en Nueva Jersey contaban con más recursos económicos, porque seguramente tenían un puesto de responsabilidad o ascendían dentro de su empresa, y eso les permitía formar parte de un club social, de golf o de tenis, porque querían establecer relaciones e interactuar con aquellas personas que pertenecían a su misma clase social. Acabamos de alcanzar las necesidades sociales.

El siguiente paso sería llegar a la necesidad de autoestima y, siguiendo con el ejemplo, esa persona puede que siguiera ascendiendo, contara con un puesto directivo o fuera un empresario de éxito, lo que le permitía conseguir algún determinado premio o certificación entre sus compañeros, o destinar parte de sus ahorros a invertir en la biblioteca de su antigua facultad, en alguna reforma de su instituto, en equipar un ala de un hospital, o bien en el desarrollo de acciones sociales para ayudar a aquellos que tienen menos posibilidades.

Por último, la autorrealización, que consistiría en superar todas las necesidades anteriores y tener el suficiente nivel de renta como para hacer otras actividades que no fuera el trabajo. En definitiva, lo que sería la vida de un multimillonario en EE.UU. en dicha época.

Es importante resaltar que dicha pirámide, al estar basada en una época concreta y en condiciones de un tipo de sociedad específica, no tiene sentido en una sociedad como la actual. La realidad actual es que cualquier persona que quiera cubrir cualquiera de las cinco necesidades anteriores lo puede hacer, aunque no cuente con el nivel de renta o recursos económicos suficientes. Hay personas que pueden comprar una determinada marca de ropa relacionada con la pertenencia a un grupo social concreto, con un alto importe económico y solicitar un crédito o pagarla a plazos. Lo mismo ocurre con otros elementos como pueden ser vehículos, viviendas, etc.

Para comprender la pirámide de Maslow en el entorno actual es necesario conocer los grupos de referencia y sesgos cognitivos.

Nuestra vida se ve influenciada por los grupos de referencia. Los grupos de referencia son dos: primarios y secundarios. Los grupos de referencia primarios están conformados por la familia, los compañeros del colegio, los profesores, la religión —en las personas que son religiosas— y la filosofía, ética y moral para quienes no lo son. Este grupo de referencia influye en cada uno de nosotros en las etapas iniciales de nuestra vida, inculcándonos una serie de conocimientos, forma de actuar y de tomar decisiones.

Esos elementos, del grupo de referencia primario, se implantan en nuestro cerebro a través de las conexiones neuronales, y como el cerebro humano trata de ser lo más eficiente posible, establece que ante una determinada situación debe actuar de tal determinada manera porque hay que dar una respuesta rápida. Poniendo un ejemplo: imagina que vas por el bosque y de pronto se mueve un arbusto, y al fijarte en él aparece un oso. Tu reacción será la de correr, posiblemente. El cerebro establece entonces una conexión en la que relaciona que si se mueve un arbusto en un bosque, lo mejor es correr porque habrá un oso. Siguiendo con el mismo ejemplo, piensa que vas por otro bosque tres meses más tarde y de repente se mueve un arbusto: tu cerebro reaccionará ordenándote que corras, porque asume que hay un oso. Pero, ¿y si en vez de haber un oso, era un amigo haciéndote una broma o era el viento o una ardilla? En ese momento es cuando tenemos un sesgo cognitivo.

Ante situaciones parecidas actuamos de la misma manera que cuando se creó esa conexión, cuando quizá deberían tener reacciones distintas. Los grupos de referencia primarios nos han dejado una impronta de conexiones neuronales y sesgos cognitivos que nos hacen actuar de una determinada manera.

Con respecto a los grupos de referencia secundarios, a ciertas edades aparecen estos grupos, sobre todo cuando empezamos a tomar decisiones con cierto criterio propio centrándonos en a qué quiero parecerme o no quiero parecerme como persona, quiero ser o no quiero ser, o quiero estar o no quiero estar. En algunos casos se busca encajar, en otros se busca un elemento motivacional de poder llegar a ser y en otros cómo alcanzar una nueva escala social.

En esta fase se vuelven a crear o complementar las conexiones neuronales y sesgos cognitivos. Dependiendo de cuál de los dos grupos de referencia, primario o secundario, tenga más peso en nosotros, será el que más se afiance en nuestro cerebro, conformando nuestra personalidad, forma de ser y de actuar.

Todo esto hace que tomemos decisiones y actuemos, en la gran mayoría de las situaciones, de forma rápida y automática frente a las situaciones de la vida que se nos presentan. Todo ello, sin existir un replanteamiento o análisis de la situación en la que nos encontramos o enfrentamos, que puede ser totalmente diferente a las vividas anteriores (como en el caso de los bosques y arbustos en diferentes momentos) porque actúan nuestras conexiones neuronales y sesgos cognitivos.

Y, por último, en nuestras vidas hemos sufrido determinadas experiencias, situaciones o traumas que han marcado mucho nuestra personalidad y forma de actuar, lo que influye en el sentido y cuáles consideramos nuestras necesidades prioritarias en la vida. Si a una persona, en algún momento de su vida, le han marcado las inseguridades, de adulto buscará cubrir sus necesidades pensando en dicha inseguridad. Si a una persona, en algún momento de su vida, le ha marcado la confianza total y la seguridad, entonces cubrirá sus necesidades remarcando dicha confianza y seguridad.

Por tanto, todos, a la hora de cubrir cualquiera de nuestras necesidades, nos vamos a basar en esa conjunción de grupos de referencia, sesgos, situaciones, experiencias y traumas que hacen que seleccionemos un apartado concreto de la pirámide de Maslow, cuando cubra dicha necesidad, en más del 75 % de nuestras tomas de decisiones.

Para aclararlo mejor pongamos el ejemplo de la compra de un coche. Existirá un grupo de personas que consideran que un vehículo es una necesidad básica y se centrarán en el elemento básico del coche, que es trasladarse del punto A al punto B y por ello se buscarán aquel que sea el más económico. Habrá otro grupo de personas que se basarán en la seguridad, porque en algún momento de sus vidas eso les marcó, y por ese motivo buscarán un vehículo que cumpla con todos los elementos normativos sobre seguridad y también la transmita. Otro grupo de personas considerarán que el vehículo ofrece una determinada imagen, posición o pertenencia social y comprarán vehículos con dichas condiciones. Y así con todos los estadios de la pirámide de Maslow.

Todo esto resulta en que dependiendo de nuestra necesidad principal de la pirámide de Maslow, así serán las compras y adquisiciones de las propuestas de valor que haremos a lo largo de nuestra vida; y todo ello sin importar nuestro nivel de renta o clase social a la que pertenezcamos, porque en determinados casos, por no decir muchos, somos capaces de endeudarnos para conseguirlos, aunque no contemos con los recursos económicos suficientes para ello.

En síntesis, aunque las personas somos complejas, a la hora de tomar decisiones para conseguir una propuesta de valor concreta, esta se basa en una combinación de diversos elementos que se encargan de facilitar nuestra forma de actuar que son el resultado de nuestros sesgos en función de las necesidades básicas, de seguridad, sociales, de autoestima y de autorrealización. Y, sobre todas, siempre habrá una necesidad prioritaria que hará que más del 75 % de nuestra toma de decisiones se centre en conseguir esas propuestas de valor que cubran esa necesidad concreta.

Como último apunte quiero comentar que en función del lugar de la pirámide de Maslow en el que se encuentra la necesidad, se está dispuesto a pagar por ella un importe. Es decir, para cubrir las necesidades más altas en la pirámide, como por ejemplo autoestima o autorrealización, se está dispuesto a pagar un importe mayor por cubrirlas que si consideramos que es una necesidad básica o de seguridad.

Carácter empresarial

Cuando se desarrolla la propuesta de valor, aparte de conocer al detalle a nuestros clientes objetivos y saber cuál es la necesidad principal sobre la que toman decisiones, es clave tener en cuenta el carácter empresarial de la persona o personas emprendedoras. Ese conjunto de recursos, experiencias, habilidades, aptitudes y actitudes personales te van a permitir desarrollar una propuesta de valor diferenciada.

Eso que es único de cada persona, lo que en inglés se denomina como *unfair advantage*, o ventaja injusta (yo prefiero denominarla ventaja diferencial, ya que las traducciones literales del inglés suelen sonar mal), hace que, ante oportunidades de negocio similares, las soluciones sean distintas. Además, será la imagen, forma de actuar, de desarrollar el proyecto y conformar la propuesta de valor. ¿Por qué? Porque si tu carácter empresarial es que eres una persona muy social, es lo que transmitirás, al igual que si eres una persona muy reflexiva, eso es lo que transmitirás y definirá tu propuesta de valor, *start-up* y futura empresa.

Imaginemos por un momento que Bill Gates en vez de crear Microsoft hubiera fundado Apple. ¿Piensas que Apple y sus productos serían los mismos que los que hay hoy? Y a la inversa: si Steve Jobs hubiera fundado Microsoft, ¿la empresa tendría la misma estructura, productos y servicios que los que tiene hoy en día? La ventaja diferencial del emprendedor/a marca cómo aprovechar la oportunidad de mercado, el tipo de empresa y la propuesta de valor que desarrolla, diferenciándolo del resto de competidores.

Para conocer cuál es tu ventaja diferencial, lo ideal es que hagas un DAFO personal. El DAFO personal va a detectar aquellas debilidades que tienes y aquellas fortalezas con las que cuentas. Las primeras son las que tienes que mejorar y las segundas las que tienes que aprovechar.

Cuando desarrolles el DAFO personal tienes que hacerte preguntas del tipo:

- ¿Cuáles son mis ventajas con respecto a los demás?

- ¿Qué me diferencia?

- ¿En qué cosas/actividades soy bueno?

- ¿Cuáles son mis recursos ante situaciones o circunstancias difíciles?

- ¿Qué experiencias vitales tengo que aportan en mi vida profesional?

- ¿Qué debo mejorar?

- ¿Qué me impide conseguir mi objetivo?

- ¿Qué limitaciones encuentro o que puedan impedir llegar a mi objetivo?

- ¿A qué temo?

- ¿Qué me impide avanzar?

- Etc.

Esto te da una visión de cómo es tu ventaja diferencial según tú mismo. Aparte, te recomiendo que traslades las mismas preguntas a toda aquella persona que te conoce (pareja, familia, amigos, etc.), así como a aquellos con los que has tenido o tienes relación (compañeros de trabajo, colaboradores, jefes, etc.) porque te van a dar una visión real de cómo te ven ellos y cómo es tu personalidad desde otro punto de vista. Toda esa información va a mostrar tu carácter real, porque puede que tú señales como fortaleza que eres una persona persistente y el resto de personas señalen que eres una persona cabezota. Y, al contrario, puede que consideres que eres una persona inconsciente y el resto te vean como una persona valiente y audaz.

MVP (Minimun Viable Product)-*Producto mínimo viable*

El producto mínimo viable (MVP) es el desarrollo de la propuesta de valor. Es la solución, producto o servicio que desarrolla una *start-up* para un *buyer persona* determinado.

Dicho MVP sirve para validar si existe mercado y para captar a esos primeros clientes. Es la primera versión, que debe contar con ciertas características mínimas que cubran la necesidad detectada del *buyer persona*, sea diferenciadora con respecto al resto de ofertas del mercado, que sirva para poder seguir creando sobre la misma y que esté en mejora continua (*Kaizen*). La meta con el MVP no es lanzar una propuesta de valor perfecta desde el principio, sino aprender lo más rápido posible sobre qué funciona y qué no, para adecuarlo a lo que quieren y demandan los clientes representados en el *buyer persona*, minimizando así los riesgos.

Muchas veces puede ser que no se acierte con ese MVP desde el principio, y habrá que pivotar. Pivotar consiste en modificar o cambiar de rumbo en función de la retroalimentación aportada por los primeros clientes.

No podemos olvidar que, en la etapa de *Start-up* de la espiral, el objetivo es empezar a crear un modelo de negocio sobre una oportunidad detectada. Aún no somos una empresa, somos un embrión de empresa. Por ello, la experimentación, iteración y los *sprints* son clave.

Sprints

Los *sprints* son procesos para la ejecución de acciones piloto que consisten en detectar aquellas necesidades, tendencias, puntos de mejora y demandas, ya sean internas o externas, con el objetivo de validar lo antes posible una serie de hipótesis, prototipo o aplicación práctica.

Los *sprints* persiguen desarrollar propuestas de alto valor, eliminando todo aquello que es innecesario y que no aporta dicho valor agregado. Normalmente se usan herramientas y técnicas *Lean* y *Agile* para su desarrollo, siendo la más usual el *Design thinking*,

Un *sprint* se desarrolla a lo largo de un periodo corto de tiempo —lo más habitual son de 3 a 5 días laborables—, pero dependiendo del sector o mercado, este puede ser mayor, aunque lo recomendable es que no supere los 6 meses. Para poder llevar a cabo un *sprint* se necesita un equipo de personas que deberían ser elegidas de cada una de las áreas o departamentos de la empresa y cualquier otro tipo de persona que pueda aportar en el desarrollo del *sprint*. Si es una *start-up* o proyecto empresarial, aparte de la persona o personas que están emprendiendo, se pueden incluir posibles clientes, proveedores u otros colaboradores.

Los *sprints* trabajan con el modelo y las fases de la técnica *Design thinking*, donde se establece alcanzar un determinado objetivo. Este objetivo podría ser:

- Desarrollo o mejora de nuevos productos.

- Planificar y definir procesos.

- Detectar tendencias.

- Mejora continua.

- Etc.

Design thinking

El *Design thinking* es una metodología basada en el desarrollo creativo para alcanzar un resultado concreto. Este resultado suele estar basado en una problemática inicial que se quiere resolver, y mediante una serie de fases o pasos se logra dicha solución.

El *Design thinking* cuenta con cinco fases, que son:

1. Empatía.

2. Definición.

3. Ideación.

4. Prototipado.

5. Testeo.

En la primera fase, Empatía, se establece el problema que se quiere solucionar, ya sea una nueva propuesta de valor, la mejora en la atención al cliente, el desarrollo de nuevos procesos comerciales, etc. Para conocer todos los detalles de dicho problema se tiene que hacer una investigación de la situación para conocer todos los aspectos de esta. La investigación se puede realizar mediante encuestas, entrevistas, observación directa… aunque la mejor de todas ellas son las entrevistas personales.

Con toda la información recopilada sobre la problemática, el siguiente paso es el desarrollo de la fase de Definición, donde se analiza y se resume lo máximo posible en una frase o un párrafo que explique qué está ocurriendo, una hipótesis en la que se trabajará en las siguientes fases. También se puede trabajar con varias hipótesis a la vez que muestren la realidad completa de lo que se quiere solucionar o desarrollar. Se puede contar en esta fase con herramientas como el mapa de empatía y el *buyer persona* en la etapa de *Start-up* de la espiral. Si estamos en otras etapas (Emprendimiento, Seguimiento, Retadora y Liderazgo), en la ejecución del *Design thinking* se puede trabajar en otros aspectos concretos, como mejora de procesos, desarrollo de nuevos mercados, disminuir pérdidas por paradas productivas, etc.

Con la hipótesis, o el conjunto de ellas, lo siguiente es conseguir una solución. El objetivo de dicha solución es que aporte valor agregado, que sea diferente a lo existente y que se amolde a las necesidades y demandas que se han detectado en la etapa de Empatía. En la fase de Ideación es donde vamos a desarrollar la solución. Para ello, se utilizan distintas técnicas de creatividad como el *brainstorming*, *brainwriting*, SCAMPER, *5 sombreros*, etc. que generen una solución diferenciadora y disruptiva. En la etapa de *Start-up*, en la que estamos inmersos, en esta fase se empieza a desarrollar la propuesta de valor relacionada con el *buyer persona*. En el resto de las etapas de la espiral obtendremos una idea o solución sobre el objetivo y problema a resolver.

Seguidamente, comienza la fase de Prototipado, donde se desarrolla una prueba piloto o muestra de la solución. El prototipo puede ser físico y/o virtual, dependiendo del tipo de empresa, proyecto, mercado, sector y tipología de cliente. Este será un MVP, ya que, en esta fase, como en la siguiente, lo que se quiere es validar.

Con dicho prototipo, MVP, se pasa a la fase de Testeo, donde se ejecuta y se prueba el prototipo para comprobar que las hipótesis son reales y que la solución propuesta es viable. Para ello podemos desarrollar distintas acciones como test de productos, de mercado, pruebas piloto, etc. El objetivo es obtener una serie de datos e información que se pasarán por una especie de tamiz que se conoce como la matriz de testeo.

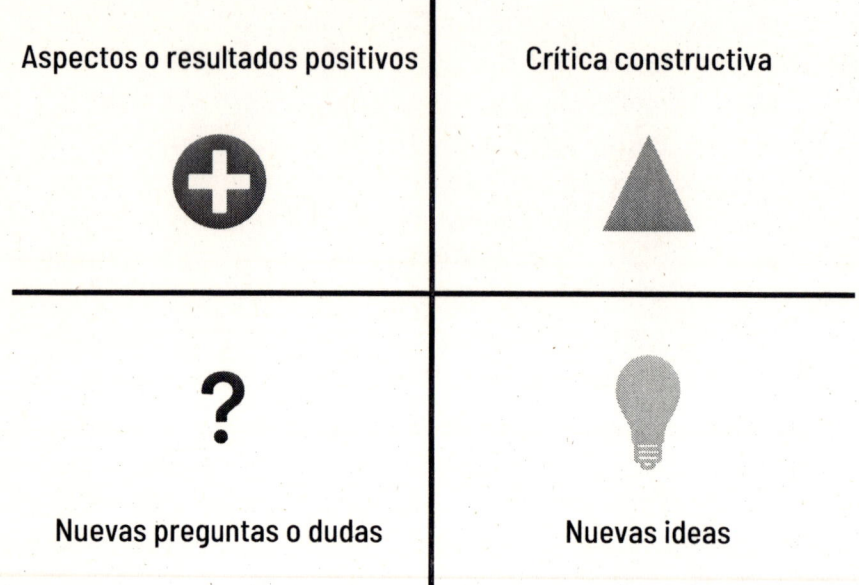

| Aspectos o resultados positivos | Crítica constructiva |
| Nuevas preguntas o dudas | Nuevas ideas |

La matriz de testeo facilita la retroalimentación, ya que nos indicará los aspectos y resultados positivos que validan las hipótesis y muestran si es factible la solución, mientras que el resto de los cuadrantes nos indican que hay que pivotar, repensar y reestudiar las hipótesis y la solución para adecuar el MVP a lo que se demanda o necesita.

Círculo de crecimiento de una *start-up*

Acabamos de conocer las herramientas y técnicas que tenemos que aplicar en la etapa de *Start-up* de la espiral para aprovechar las oportunidades de negocio que se te han podido presentar.

El objetivo de esta fase es conseguir tus primeros clientes y empezar a desarrollar esa propuesta de valor diferenciadora mediante el producto mínimo viable (MVP), lo que te va a permitir pasar a la siguiente fase de la espiral: Emprendimiento.

A continuación vamos a desglosar qué acciones tienes que ejecutar del círculo de crecimiento para pasar al siguiente nivel de la espiral.

Ingresos

Los ingresos como *start-up* provienen de tus primeros clientes gracias al MVP. Esta es tu prioridad: conseguir facturar, porque de esa manera podrás llegar a ser una empresa.

He visto muchas *start-ups* que se quedan en eso, en proyectos o la perpetua *start-up,* porque solo se preocupan de hacer un producto excelente o de crear el mejor equipo, pero no ingresan, viviendo o sobreviviendo de sus propios ahorros, de posibles inversores o *business angels* que hayan captado. Pero la realidad es que se es una empresa o un proyecto empresarial si hay clientes; lo demás será una oenegé, un pozo sin fondo o malgastar dinero que no lleva a ningún lado.

«Es mejor hecho que perfecto», por lo que es preferible tener un MVP que con el tiempo irás mejorando, pivotando o terminando en una propuesta de valor definitiva. Pero no te olvides de que el MVP tiene que ser una propuesta de valor diferenciadora para unos clientes que están bien definidos y representados por un *buyer persona* con una necesidad concreta que has detectado.

Trabaja por conseguir los ingresos suficientes para cubrir los costes que tengas y generar una pequeña inversión para pasar de etapa en la espiral. Seguramente habrás escuchado que las *start-ups* suelen presentar pérdidas, y siempre en el primer año. No lo voy a negar, porque es lo más habitual. Pero salvo que seas un Facebook, Uber o Airbnb, eso no es excusa para que no pongas un límite para conseguir unos objetivos de facturación y clientes que cubran los costes y permitan una mínima inversión.

Te preguntarás, ¿cuál es el límite de tiempo que me debo dar? Por mi experiencia, son 18 meses; si en 18 meses no has logrado al menos cubrir costes, es mejor que dejes tu *start-up*. Esto no quiere decir que esperes hasta los 18 meses para saber si lo dejas o no. Cada 3 meses, mínimo, plantéate si estás captando los clientes que necesitas y estás consiguiendo los ingresos que requieres. Si no es así, trabaja un nuevo *sprint*, mejora tu MVP o desarrolla cualquier tipo de acción que consideres que te acerque a conseguir dicha facturación e ingresos.

Inversión

Una vez que has conseguido los ingresos necesarios para cubrir costes y tienes algún importe para poder invertir, no lo pienses: invierte en desarrollar un MVP para un nuevo *buyer persona*. Tu objetivo en esta fase es conseguir llegar a la siguiente etapa de la espiral, Emprendimiento; y se consigue mediante el crecimiento en clientes. Porque como te he mencionado antes, hay empresa si hay clientes.

Una vez obtenido una serie de ingresos estables y focalizados en un tipo de *buyer persona*, debes pasar a obtener ingresos de otro tipo de *buyer persona* que hayas obtenido del mapa de empatía. Y tras eso, pasar a un tercero.

No es recomendable tener y trabajar con muchos tipos de *buyer persona*, ya que «quien mucho abarca, poco aprieta». Por mi experiencia, te recomiendo no más de 5, siendo lo ideal 3. Recuerda que un *buyer persona* no es un cliente, es una representación gráfica y precisa de una segmentación de clientes; por tanto, de un número o grupo considerable de clientes.

Productividad

Al invertir en el desarrollo de los MVP se están desarrollando nuevas oportunidades de negocio, al igual que se mejora en los procesos y acciones con los clientes desarrollando economías de escala y/o alcance.

Las economías de escala consisten en reducir los costes de una propuesta de valor de forma unitaria gracias al aumento en el número de unidades desarrolladas o producidas. Si desarrollo el mismo MVP en más clientes, podré lograr reducir los costes de materia primas, de ejecución y cualquier otro relacionado con el MVP: al aumentar el número, soy más productivo al replicar.

Las economías de alcance ocurren cuando puedo producir o desarrollar distintas soluciones, productos o servicios de manera simultánea y con ellos reduzco los costes generales por unidad. En este caso, estarías ofreciendo distintos MVP que hacen que los costes generales que tenga tu *start-up* se repartan entre ellos y no solo se apliquen a uno de ellos. Por tanto, aumentarías también la productividad gracias a la reducción de los costes.

Escalar en la espiral de crecimiento

Ya has superado los 18 meses, tienes varios MVP y tipos de *buyer persona*, sigues creciendo en ingresos… ¿Y ahora qué? Pues ahora es el momento de empezar a estabilizar todo eso: convertirte en un Emprendimiento.

Te preguntarás que cuáles son los pasos para hacerlo. Y algunos autores y en algunas publicaciones encontrarás que debes realizar los trámites administrativos y jurídicos para ello, y que elijas la forma de constitución de tu empresa. Yo te digo que eso es importante, ya que hay que cumplir con la legalidad y la sociedad, pero que constituirte con la fórmula X, Y o Z no te va a proporcionar más crecimiento empresarial.

El siguiente paso es volver a retomar el círculo (ingresos-inversión-productividad), empezando en cómo vas a conseguir más ingresos, junto con los elementos que conforman el triángulo (recursos, talento y herramientas) y los del cuadrado (clientes, equipo, formación y *Kaizen*) para establecer la estrategia y la táctica para conseguirlo.

6
EMPRENDIMIENTO

Durante el Emprendimiento te vas a centrar en dar mayor estabilidad a tu modelo de negocio, y ello conlleva aumentar los ingresos, el número de clientes, establecer procesos claros y definidos mediante el triángulo de crecimiento (talento, recursos y herramientas) y focalizados en los clientes, equipo y *Kaizen* del cuadrado de crecimiento.

Como estamos hablando de crecimiento en clientes e ingresos, el medio para lograrlo es mediante *marketing*, y más concretamente mediante *growth marketing,* porque lo ideal es que sea lo más rápido posible.

Ya se ha comentado que estamos ante un entorno muy cambiante, saturado y competitivo, por lo que la forma tradicional de hacer *marketing* no es suficiente. Necesitas innovar, mejorar, optimizar y focalizar en estrategias, medios y acciones de *marketing*, de una forma integral, que te ayuden a lograr más clientes y retenerlos.

Para desarrollar *growth marketing* te seguirás apoyando en las herramientas y filosofías *Agile* y *Lean*. Sigue experimentando e iterando al menor coste posible para alcanzar los objetivos que quieres lograr.

Tipos de clientes

En 1962, Everett Rogers desarrolló la curva de adopción de la innovación para explicar cómo distintos grupos de personas con características sociodemográficas y psicográficas comunes van incluyendo las nuevas tecnologías a su vida.

Si has seguido correctamente los pasos indicados para el desarrollo de tu propuesta de valor, has logrado que sea única y diferenciadora con respecto a las otras ofertas del mercado, habrás logrado una innovación. Por ello, esta curva es clave para que desarrolles los siguientes pasos para conseguir más clientes.

La curva se divide en cinco tipologías de clientes: Innovadores, *Early adopters*, Mayoría primaria, Mayoría secundaria y Rezagados.

Los Innovadores son aquellos primeros clientes que adoptan o adquieren una nueva propuesta de valor. Estos innovadores son los *buyer persona* que has definido en la etapa de *Start-up* de la espiral.

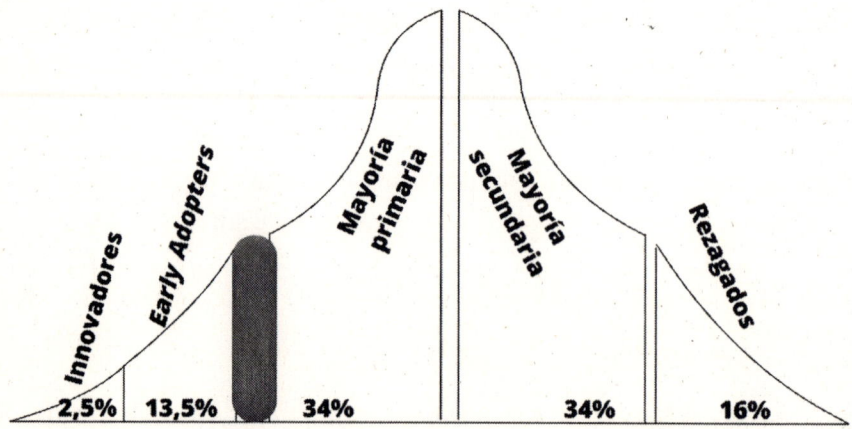

Los porcentajes que se especifican de cada tipología de clientes son ciertos, pero tómalos con cautela porque no significa que sean el total de la población mundial: son el porcentaje de aquellos *buyer persona* que has definido y que representan un segmento de clientes concreto. Es decir, que si tu *buyer persona* comprende un segmento de clientes de 1.000.000 personas o empresas, los Innovadores serán 25.000.

Tras los Innovadores, aparecen los *Early adopters*. Este grupo es muy similar en características a los Innovadores, pero hay una característica que los hace clave no solo en la etapa de Emprendimiento, sino también en el resto de las etapas de la espiral. Los *Early adopters* son líderes de opinión que van a permitir dar el salto a otro tipo de clientes (Mayorías primarias y Secundarias y Rezagados) si eres capaz de demostrar que tu propuesta de valor es única. En el gráfico verás una zona en color rojo, entre los *Early adopters* y la mayoría primaria: eso es lo que se define como «la brecha». Si los *Early adopters* recomiendan y te facilitan el contacto con nuevos clientes podrás saltar «la brecha» y con ello llegar a la siguiente etapa de la espiral: Seguimiento.

Seguro que lo primero que has pensado cuando he mencionado a los líderes de opinión es en alguno o varios de los siguientes: famosos, *influencers*, periodistas, políticos, gurús, expertos, etc. Hay uno que suele olvidarse y es aquella persona mucho más cercana a ti, como son tus actuales clientes, que mediante el boca a boca te van a facilitar ese salto. Siguiendo con el ejemplo de los 1.000.000 posibles clientes, los *Early adopters* en este caso serán 135.000.

Una vez superada la brecha empezarás a tener clientes de la tipología de Mayoría primaria. Este grupo suele ser más reservado y escéptico, por lo que necesita pruebas y evidencias de que la propuesta de valor funciona porque otros lo referencian.

Una vez que el grupo de la Mayoría primaria ya ha adquirido o consumido tu propuesta de valor, aparecen las personas o empresas que forman parte de la Mayoría secundaria. Este grupo compra cuando la gran mayoría de su entorno (Innovadores, *Early adopters* y Mayoría primaria) ya lo han hecho antes, porque necesitan más pruebas y evidencias antes de decidirse.

Por último, están los Rezagados, que adquieren la propuesta de valor cuando ya la tienen todos.

Customer journey

El *customer journey* es una herramienta gráfica que muestra mediante una serie de puntos las distintas acciones, pensamientos, la toma de decisiones y cualquier otro aspecto que realiza un *buyer persona* a la hora de comprar o adquirir una propuesta de valor.

El *customer journey* detalla el proceso de compra del *Buyer persona,* mostrando todas aquellas posibilidades relativas a nuestra empresa o proyecto de poder contactar e influir en los posibles clientes para que se decanten por nuestra propuesta de valor.

Los puntos del *customer journey* se conocen como *touchpoints* (puntos de contacto) e indican alguna actividad concreta del proceso de compra.

Como ves en la imagen anterior, los puntos de contacto se reparten a lo largo de una serie de fases que se corresponden con el embudo de conversión, que explicaremos a continuación. Además, en el *customer journey* hay unos apartados concretos como son Expectativas, Actividad, Frustraciones y Elementos de mejora, que describen y explican qué es lo que ocurre en el apartado de Sentimiento, donde se encuentran los puntos de contacto.

El apartado de Sentimiento refleja mediante emoticonos cada punto de contacto, la experiencia que están viviendo los posibles clientes representados por el *buyer persona* durante el proceso de compra, pudiendo ser esta positiva, negativa o neutra.

En cada uno de los puntos de contacto, tu emprendimiento, proyecto o empresa tiene la oportunidad de remitir un determinado mensaje, realizar publicidad, invitar a los posibles clientes a que realicen algún tipo de acción en concreto, facilitar información, etc. Es decir, realizar algo para lograr el posicionamiento de tu emprendimiento, proyecto o empresa en la mente del consumidor como la mejor opción frente a las distintas alternativas del mercado.

En cada una de las fases del proceso de venta que reflejamos mediante los puntos de contacto te vas a encontrar que el *buyer persona* tiene una serie de expectativas sobre la experiencia que quiere vivir en dicha fase. En el gráfico se explica también qué tipo de acciones va a realizar el *buyer persona* en dicho punto de contacto concreto.

En el apartado de Frustraciones se recogen todos aquellos impedimentos, obstáculos o problemáticas que limitan que la experiencia de compra del *buyer persona* sea totalmente satisfactoria.

Y el último apartado del gráfico son los elementos de mejora que puedes realizar para que dicha experiencia de compra en un punto de contacto determinado sea excelente. Para definir dicho apartado te puedes apoyar en las expectativas que busca el *buyer persona*, sus diferencias con la actividad vivida y con las frustraciones. Todo eso te va a permitir mejorar tu propuesta de valor y desarrollar un *customer journey* personalizado y diferenciador frente al de la competencia.

El objetivo de diseñar el *customer journey* de cada *buyer persona* facilita la comprensión del proceso de venta, experiencia de los posibles clientes, la interrelación de las expectativas y de la experiencia real de compra. En definitiva, para detectar oportunidades de mejoras a aplicar en el proceso de venta para conseguir el máximo de clientes y de ingresos.

Recuerda que cuando diseñes el *customer journey* tienes que pensar en el proceso general del *buyer persona,* que incluirá puntos de contacto tanto contigo como con la competencia, sin olvidar incluir las acciones *online* y *offline* que van a suceder.

Embudo de conversión

En el *customer journey* indiqué que había una serie de fases del proceso de compra donde se encontraban los puntos de contacto. Esto te lo definí como el embudo de conversión, pero ¿qué es el embudo de conversión?

El embudo de conversión, que también se conoce como *funnel* de ventas, embudo de ventas, *funnel* de conversión y algunas otras denominaciones más, consiste en una representación visual que sigue un *buyer persona* desde que se plantea buscar información de una determinada propuesta de valor hasta que finalmente la adquiere o compra.

El embudo de conversión comprende las distintas fases del proceso de compra del cliente que vamos a establecer como base, que son las siguientes: Atención, Interés, Decisión y Acción.

Las fases que te he expuesto son un acrónimo —AIDA— que consiste en una técnica de *marketing* para lograr transformar un mercado potencial en clientes.

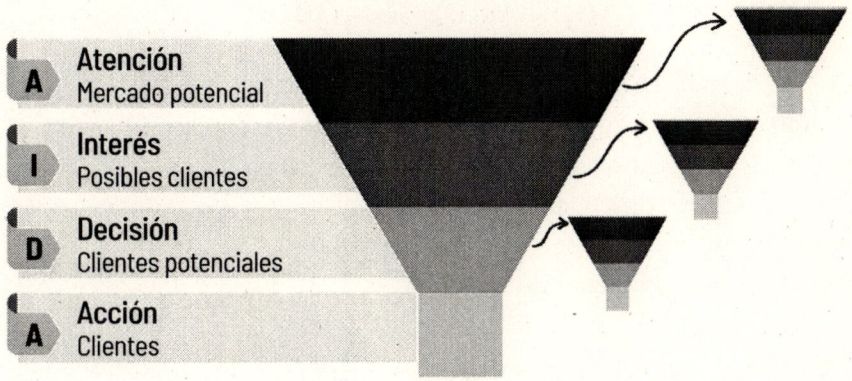

En la fase de Atención, el mercado potencial de clientes, *buyer persona*, toma conciencia de que tiene una necesidad y empieza a buscar distintas alternativas en el mercado. Dentro de esa búsqueda prestará interés a algunas propuestas de valor que ha encontrado. Tras dicho interés, comienza a valorar aquellas alternativas que le han resultado más interesantes y entre ellas empezará a decantarse por alguna: ha tomado una decisión. Una vez que ha decidido que una de las opciones es la idónea, pasa a la acción: comprar.

En cada una de las fases tienes que desarrollar acciones comerciales y de *marketing* para persuadir, convencer y demostrar que tu propuesta de valor es superior a la del resto de los competidores.

En líneas generales este es el proceso, pero hay que tener en cuenta que dependiendo del sector, mercado y tipología de clientes, el embudo de conversión tendrá más fases o incluso cada una de las fases tendrá otras denominaciones. Por ejemplo, si eres una empresa que vende vehículos, las fases podrían ser: búsqueda de información, elección de modelos, selección de concesionarios, visitas a concesionarios, valoración de modelos, prueba piloto, estudio de condiciones comerciales y compra.

Cartera de propuestas de valor

De la anterior etapa, *Start-up*, tienes una serie de MVP que has estado mejorando, pivotando e incluso convirtiéndolos en una o varias propuestas de valor totalmente terminadas. Ahora es cuando tienes que comenzar a desarrollar tu cartera de propuestas de valor definitiva acorde a los *buyer persona* que tienes y los nuevos a los que quieres llegar.

Dentro de esos *buyer persona* sabes que tienes una serie de tipologías de clientes (Innovadores, *Early adopters*, Mayorías primaria y secundaria y Rezagados) para los que, según su *customer journey,* tienes que desarrollar acciones concretas dentro del embudo de conversión. Y cada *buyer persona* querrá una propuesta de valor específica e, incluso, algunos *buyer persona* podrían demandar otras opciones de propuestas de valor a las que podrías dar cabida si cuentas con ellas.

Una cartera de propuesta de valor para un Emprendimiento tiene las siguientes opciones:

a. Gancho.

b. Estándar.

c. Superior.

d. *Premium.*

Cada propuesta de valor se clasifica dentro de un cuadrante separado por dos niveles: un primer nivel donde se venden muchas unidades con un menor precio de venta (PVP), y un segundo nivel donde se venden pocas unidades, pero con un PVP alto. Cada cuadrante de cada nivel se clasifica por la relación existente entre ese número de unidades y su PVP. Existe una relación de más-menos y menos-más con respecto al número de unidades y PVP de cada nivel. Esta relación se conforma de la siguiente manera:

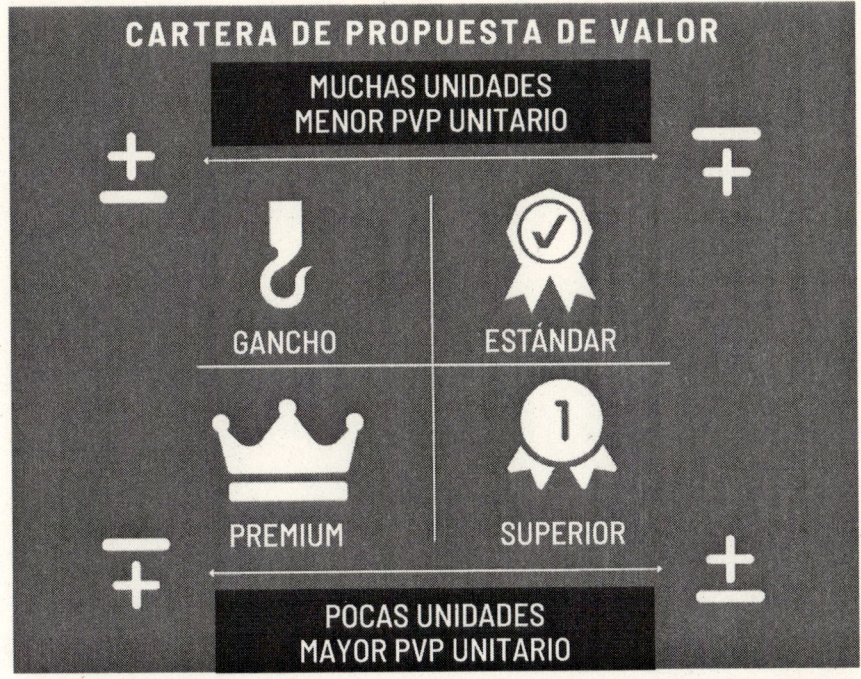

- Nivel «Muchas unidades-Menor PVP unitario»:

  – Más unidades con un precio de venta mínimo, propuesta de valor Gancho.

  – Menos unidades con un precio de venta algo superior, propuesta de valor Estándar.

- Nivel «Pocas unidades-Mayor PVP unitario»:

  – Más unidades con un PVP menor, propuesta de valor Superior.

  – Menos unidades con un PVP mayor, propuesta de valor *Premium*.

Para comprenderlo mejor, supón que el primer nivel comprende el PVP de un máximo de 1.000 € por unidad y con dos escalas de

PVP: PVP mayores, por encima de los 100 €, y PVP menores, por debajo de esos 100 €. Lo mismo ocurriría con el otro nivel, donde el PVP del nivel estaría por encima de los 1.001 €, donde los PVP mayores superarían los 10.000 € y los PVP menores se situarían entre los 9.999 y los 10.001 €. En la siguiente imagen podrás ver un ejemplo de cartera de propuesta de valor.

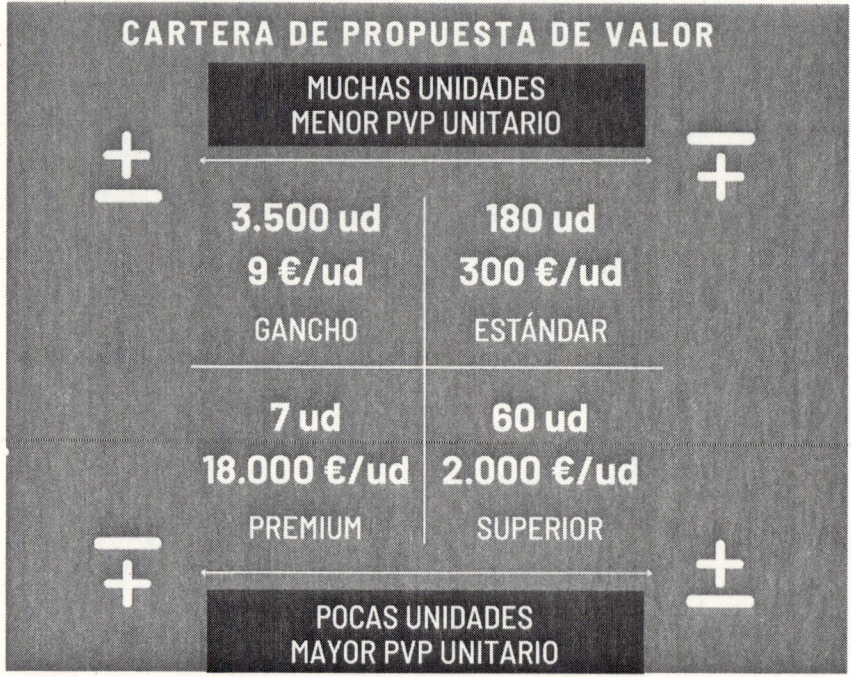

Los precios indicados son orientativos. Según tu sector, mercado, competencia y tipología de clientes tendrás que establecer los baremos de los importes para cada cuadrante y nivel.

La propuesta de valor Gancho son soluciones, productos o servicios que tienen un importe bajo, por lo que los posibles clientes pueden arriesgarse a adquirirlos, aunque tengan dudas sobre su diferenciación con respecto a otras opciones del mercado. Suelen corresponder a los inicios del MVP. La propuesta de valor Gancho puede ser una primera toma de contacto con los posibles clientes y debe servir para generar la suficiente confianza para poder adquirir, en el presente o en un futuro, otras propuestas de valor a través del *cross-selling* y el *up-selling*.

La propuesta de valor Estándar está bien diferenciada y suele generar ingresos recurrentes diarios, semanales o mensuales. La propuesta de valor Estándar se destina principalmente a cubrir costes generales.

La propuesta de valor Superior es una propuesta más completa y diferenciadora que la Estándar. Esta propuesta de valor genera más ingresos unitarios que las anteriores y gracias a ellos permite crecer al Emprendimiento generando recursos económicos para invertir.

Por último, está la propuesta de valor *Premium*, que consiste en una solución, producto o servicio muy diferenciado y personalizado con respecto a las distintas opciones del mercado. Suele surgir por un proceso de fidelización de clientes mediante *up-selling*, que se define como escalera de valor. En la siguiente imagen te indico el proceso:

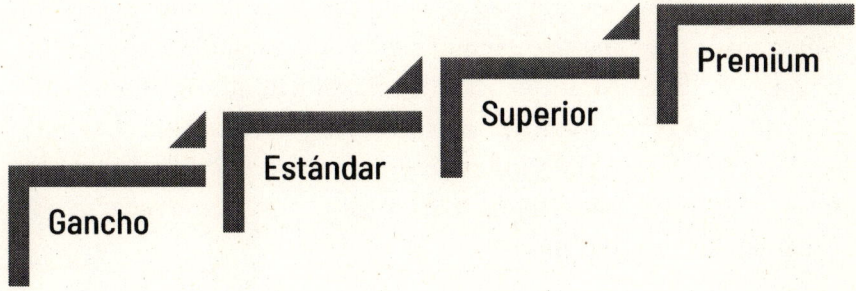

A la hora de definir tu cartera de propuesta de valor en la etapa de Emprendimiento, al menos debes contar con dos principalmente: Estándar y Superior. La primera, para poder cubrir todos los costes generales y que permita mantener tu empresa o proyecto en funcionamiento. La segunda, porque te va a generar los ingresos suficientes para invertir en aquellos elementos que te permitan generar mayor

productividad para escalar al siguiente nivel de la espiral, Seguimiento.

Primer equipo

Cuando comenzaste tu *start-up* posiblemente lo hicieras solo/a, o
puede que comenzaras con un grupo de personas. Y tras el salto a
la etapa Emprendimiento, con el crecimiento de clientes, te das
cuenta, u os dais cuenta, de que estáis saturados y necesitáis más
apoyo, ayuda y liberar ciertas tareas o rutinas que no son tan productivas. Ese es el momento de crear tu equipo.

En este punto tienes tres opciones: colaboradores, subcontratas o
incorporar personas a tu empresa o proyecto.

Para cualquiera de dichas opciones deberías aplicar la metodología DISC. Existen otras muchas opciones y técnicas sobre gestión
de equipo y colaboración, pero por mi experiencia está es la más
sencilla y rápida de aplicar desde la base.

DISC es una metodología que se aplica en la gestión de equipos y
se basa en la personalidad y en el estilo de comportamiento de las
personas. William Moulton Marston estableció que existían cuatro
categorías de comportamiento: Dominancia, Influencia, Estabilidad (*Steadiness*) y Cumplimiento. Para comprender mejor los términos y simplificarlo, vamos a desarrollar una convergencia con
los siguientes estereotipos:

- Dominancia: anglosajones.

- Influencia: latinos.

- Estabilidad: asiáticos.

- Cumplimiento: germánicos.

Los anglosajones son personas muy competitivas, orientadas a la acción; les gusta superar desafíos, toman decisiones muy rápidas, suelen ser poco pacientes, se comunican de forma muy directa. Para ellas, los resultados son lo principal.

Los latinos son personas extravertidas, optimistas, entusiastas, persuasivas, muy motivadoras, impulsivas y emocionales. En definitiva, les encanta socializar.

Los asiáticos son personas muy tranquilas, pacientes, fiables, colaborativas, atentas, resistentes a los cambios, y su principal motivación es la armonía y ayudar a los demás.

Los germánicos son personas analíticas, precisas, críticas, rutinarias, centradas en los procedimientos y les encantan las normas; por ello son buenos en el análisis y gestión de procesos.

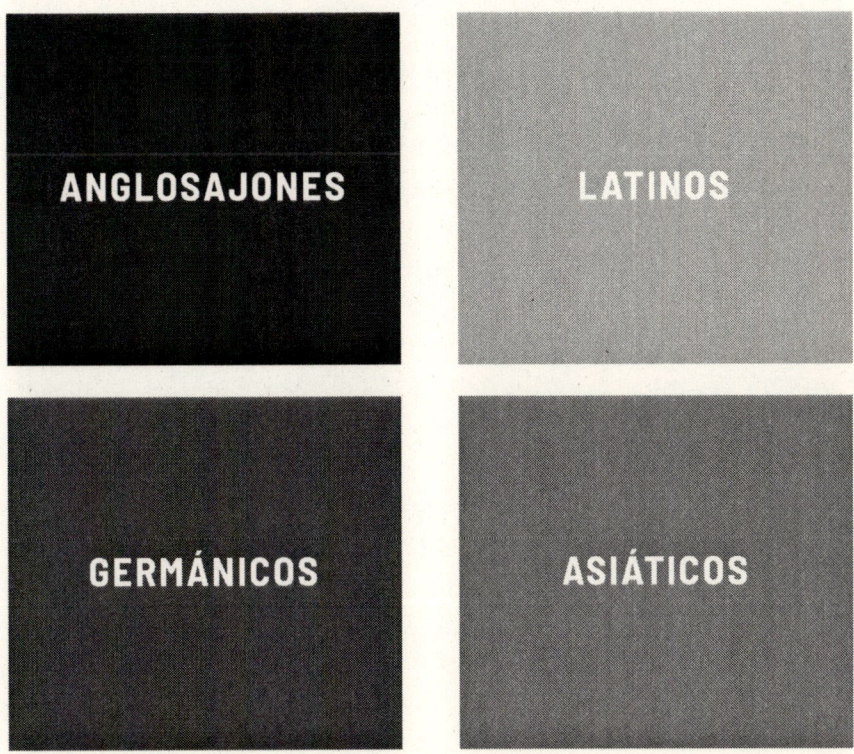

Lo ideal es contar dentro de tu equipo con los cuatros perfiles; de esta manera se crea un entorno compensado y equilibrado, porque si en tu empresa hubiera demasiados perfiles de anglosajones habría demasiados conflictos internos y luchas por el liderazgo. Si hubiera demasiados perfiles latinos existirían muy buenas relaciones internas y externas pero pocos objetivos logrados. Si los más numerosos fueran los asiáticos, el clima laboral sería excelente, pero tampoco se conseguirían objetivos que no estuvieran relacionados con el entorno interno. Y, por último, si hubiera demasiados germánicos, todo se paralizaría o estancaría por el seguimiento estricto de las normas y procesos.

Así que, a la hora de desarrollar ese equipo, debes empezar analizando qué tipo de perfil eres tú y cuál sería el necesario o los necesarios para incorporar a tu empresa, colaborar o subcontratar.

Podrías pensar que los puestos de dirección son idóneos para anglosajones, los de ventas para latinos, los de recursos humanos para los asiáticos, y los de producción y administración para los germánicos. En un principio podría ser, pero al final estás descompensando los departamentos. Como te he señalado, los equipos deben estar lo más compensados posible, por lo que tienen que existir estos perfiles en toda la empresa, así como en cada uno de los departamentos. No quiere decir esto que solo haya cuatro personas en cada departamento o en un Emprendimiento, sino que hay que complementarlos y buscar esa estabilidad.

Otra consideración es que la gran mayoría de las personas no son perfiles 100% puros, siempre habrá algún porcentaje o parte de los otros. Pero lo que sí es cierto es que uno de los perfiles es el dominante y se muestra de forma principal en la personalidad y en la forma de comportarse.

Financiación

En el anterior capítulo podría haber incluido este apartado, ya que es costumbre hablar de financiación e inversión *equity* en la etapa de *Start-up*. La realidad es que no todas las *start-ups* necesitan inversión o financiación proveniente de *business angels, venture capital* o inversores porque no son proyectos o *start-ups* de interés para estos. Hay muy pocos proyectos, por no decir ínfimos, que se conviertan en un Cabify o un Canva.

Siento ser tan directo, pero una idea, por muy buena que tú consideres que sea, no es financiable. Para que haya inversión o financiación proveniente de los *business angels, venture capital* o inversores deben ocurrir los siguientes cinco requisitos —si alguno no está, el proyecto no será de interés para ellos—:

1. Una propuesta de valor muy diferenciada, y si puede ser disruptiva de lo que ya existe en el mercado, mejor.

2. Cuentas con ventajas competitivas claras y estables en el tiempo, difíciles de emular o copiar.

3. Clientes que hayan probado el MVP y que sirvan de referencia.

4. Altas posibilidades de crecimiento tanto de clientes como de mercados en el corto plazo.

5. Alto retorno de la inversión, ya sea por series de rondas de inversión o, lo más idóneo, por los beneficios que genera la *start-up*.

Pero esto sí puede ocurrir en la etapa de Emprendimiento con proyectos más afianzados o con más posibilidades de crecimiento. Si ese fuese el caso, el proceso de financiación sigue un esquema muy similar al siguiente:

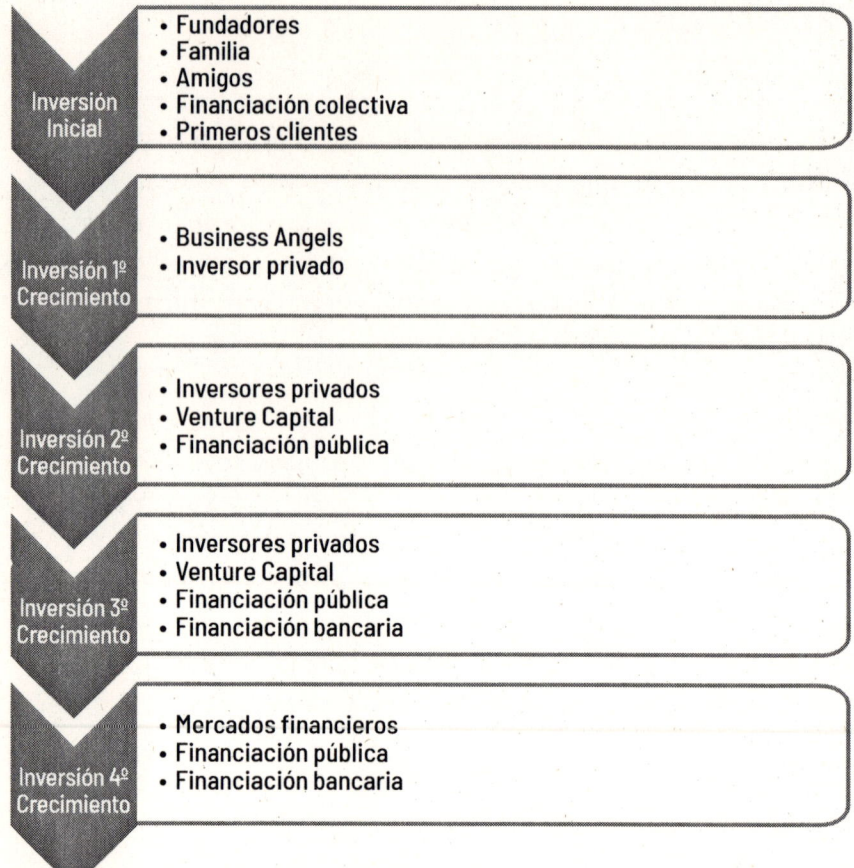

Las fases de crecimiento están relacionadas con las etapas de la espiral de crecimiento. En cada una de las fases de crecimiento están las distintas opciones generales y típicas que puede haber. Pueden darse todas o algunas, e incluso algunas de las fases podrían desarrollar subfases. Sin olvidar que no hay un plazo concreto de tiempo para pasar de una fase a otra, sino que dependerá de diversos factores como el entorno, el importe de la inversión, el destino de la inversión… y, sobre todo, de la gestión de la inversión.

Pero para la gran mayoría de emprendimientos, empresas y proyectos empresariales, lo más habitual será un proceso de inversión muy similar al siguiente:

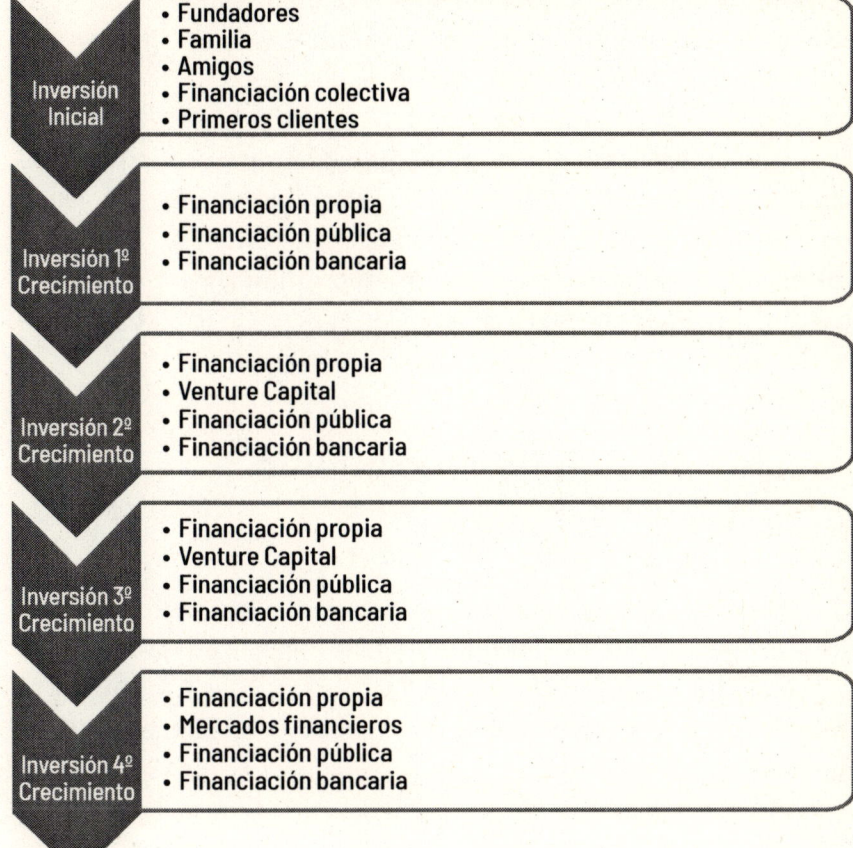

En este tipo de proceso surge el concepto de financiación propia, que principalmente proviene de los beneficios generados, o de las aportaciones de los fundadores y socios/as de la empresa. Es una financiación controlable porque no hay que responder a inversores o financiadores externos y conlleva menos riesgo porque no es una deuda en sí.

Si solo te centras en la financiación propia tienes la limitación del importe que puedes invertir, y provoca un crecimiento lento debido a que se depende de la cantidad de beneficios generados hoy, no de los futuros.

En la etapa de Emprendimiento suele ser interesante valorar la financiación pública y bancaria para invertir en elementos que mejoren la productividad y la captación de clientes.

Te preguntarás, ¿y cuánto es el máximo que puedo solicitar de financiación pública o bancaria? Al ser esta financiación una deuda a devolver, lo ideal es ser prudentes en este sentido y desarrollar un análisis económico-financiero de tus posibilidades. Como regla general, no se recomienda que la deuda supere el 30% de la facturación anual.

Círculo y espiral de crecimiento de un Emprendimiento

Los objetivos de esta etapa de la espiral son las mejoras de los procesos, pero sobre la captación de más clientes e ingresos. Con respecto a los procesos hemos explicado el *customer journey* y el embudo de conversión, y ambos nos van a ayudar a conseguir más clientes.

También hemos hablado de aumentar la cartera de propuestas de valor junto con un mejor conocimiento de la tipología de clientes a los que nos vamos a enfrentar en esta etapa, *Early adopters* .

Y, por último, esta etapa debe captar y generar recursos suficientes para facilitar el crecimiento y la incorporación de personas, colaboradores o subcontratas que nos permitan una mayor productividad.

A continuación vamos a ver qué debe ocurrir en cada elemento del círculo de crecimiento para conseguir llegar a la etapa de Seguimiento.

Ingresos

Lo primero para aumentar los ingresos es focalizar todas las acciones en los Innovadores y, sobre todo, en los *Early adopters*. Como interesa llegar al máximo de mercado potencial posible, es decir, atraer al mayor número de clientes, entonces tendremos que aumentar el número de *buyer persona*.

Al comienzo de la etapa de Emprendimiento seguías con el número de 3 a 5 *buyer persona*, que se estableció en la etapa de *Start-up*. Ahora es el momento de aumentar el número de *buyer persona* para alcanzar más mercado y posibilidades de ingresos.

Pero eso solo no basta: a la par debes desarrollar una cartera de propuestas de valor adecuada a dichos *buyer persona* y que te permita desarrollar una escalera de valor para su futura fidelización.

Las herramientas del *customer journey* y del embudo de conversión te van a facilitar las acciones comerciales, generando una experiencia del cliente excelente, lo que provoca una atracción de nuevos clientes y generación de referencias para generar mayor confianza y diferenciación frente al resto de ofertas en el mercado.

No hagas todas las acciones a la vez, recuerda que «más vale poco y bien que mucho y mal». Una acción a la vez: afiánzala y pasa a la siguiente. Y así sucesivamente. De esta manera podrás no solo estabilizar, sino también aumentar los ingresos por propuesta de valor y *buyer persona*, gracias a conocer al detalle el *customer journey* y optimizando el embudo de conversión.

Inversión

Para seguir creciendo debes invertir, y las inversiones deben ser acordes al crecimiento y objetivos futuros que quieres alcanzar.

Esto quiere decir que estancarte en la etapa de Emprendimiento, o en cualquiera de las siguientes, va a depender de tu ambición y la visión empresarial futura a la que quieras llegar.

Todo va a depender de si tu Emprendimiento está pensado como un negocio o como un estilo de vida. Dependiendo de esa visión o personalidad se te presentarán distintas alternativas y combinaciones de las comentadas anteriormente (inversores, financiación pública, financiación bancaria, *venture capital*, etc.).

Si tu Emprendimiento es un negocio, en algún momento dado te vas a plantear hacer un *exit* (venta de tu empresa a un grupo de inversión u otra empresa) o estar en el *Board* (Consejo de dirección) y olvidarte de gestionar el día a día. En esta situación, para ti lo más importante será crecer y que sea de la forma más rápida posible. Este modelo demanda inversión de *business angels, venture capital* e inversores, seguida de financiación pública y bancaria en las etapas intermedias de la espiral y, en algún momento, salir a los mercados financieros.

Si te planteas tu Emprendimiento como un estilo de vida, será autoempleo, o conformado por un equipo de menos de 10 personas. Tu inversión provendrá, principalmente, de la financiación propia que sea capaz de generar tu empresa. Puede que haya financiación pública y/o bancaria: dependerá de tu sector y mercado. Como la mayoría de los Emprendimientos son estilo de vida, te detallo cómo sería esa inversión.

Parte de la inversión que vas a realizar proviene de ese aumento de ingresos, convirtiéndose en financiación propia. Lo ideal es que destines esa financiación propia a incorporar personas a tu equipo. Dependiendo del sector o mercado, podría ser posible que esa inversión la destines a elementos productivos como maquinaria.

Aparte de la financiación propia, debes optar por la financiación pública antes que por la bancaria, porque va a tener mejores condiciones de plazos, tipo de interés, plazos de carencia, y en la gran mayoría no es necesario aval. Accede a este tipo de financiación con un estudio o plan económico-financiero. Aunque puedas endeudarte hasta un 30% de tu facturación anual, sé precavido y plantéalo por fases. Si, por ejemplo, te endeudas mediante este tipo de financiación un 10%, y has respondido bien en los pagos, se ha generado crecimiento y necesitas más financiación, no vas a tener problemas para conseguirla. Si te acercas al límite del 30% desde el inicio, y por cualquier circunstancia no fuera todo bien (ya sea en pagos o en crecimiento) y necesitaras más financiación, posiblemente te la denieguen.

Productividad

Al aumentar el número de *buyer persona* y propuestas de valor, al igual que en la etapa anterior, vamos a aumentar la productividad por las economías de escala y/o de alcance. Lo mismo ocurre con la optimización del embudo comercial, porque reducirá los costes de captación y adquisición de clientes y, seguramente, aumentará el ingreso medio de cada uno de ellos.

Además, al aumentar el equipo, bien por incorporación en la empresa, por colaboración o por subcontrata, estamos aumentando el alcance, ya sea porque los fundadores o la dirección delegan aquellas actividades rutinarias poco productivas, o ya sea porque en el equipo se encuentre el perfil que complementa para avanzar y seguir creciendo.

Escalar en la espiral de crecimiento

Como ya te he mencionado, esta etapa es clave para avanzar en la espiral. ¿Tu Emprendimiento es un negocio o un estilo de vida? Y si es un estilo de vida, ¿cuál es tu visión de empresa y hasta dónde quieres llegar?

Aquí no puedo establecerte plazos, porque va a depender de las respuestas a las preguntas anteriores y, sobre todo, de tu aversión al riesgo o tu amor a la aventura.

Si eres una persona muy conservadora, el salto a la etapa de Seguimiento llegará en un dilatado plazo de duración, y vendrá por una combinación de esfuerzo y tiempo. El proceso será establecer más *buyer persona*, desarrollar más propuestas de valor, optimizar los procesos comerciales del embudo de conversión, incorporar personas al equipo y, por último, invertir según las posibilidades de tu financiación propia.

Si eres una persona amante de la aventura y el riesgo, el salto a la siguiente etapa de la espiral llegará mucho antes, pero depende de la opción de si tu Emprendimiento es un negocio (será más rápido) o un estilo de vida (algo menos rápido). Al igual que en la situación anterior, *buyer persona*, propuestas de valor, embudo de conversión y equipo funcionan igual, pero las distintas alternativas de financiación posibilitarán invertir más en todos los puntos y sobre todo en aumentar la productividad, que será la clave para captar más número de clientes y, con ello, más ingresos, que permiten más inversión y, como ya sabes, vuelve a convertirse en productividad.

En todas las situaciones tienes que superar «la brecha» para llegar a la Mayoría primaria y alcanzar la siguiente etapa de la espiral: Seguimiento.

7
SEGUIMIENTO

Si has llegado a esta etapa acabas de reducir tus posibilidades de fracasar en un 75 %. En la etapa de Seguimiento se encuentran aquellas empresas que están muy asentadas en sus respectivos mercados y sectores.

Si quieres seguir avanzando en la espiral, Seguimiento es una etapa complicada, porque implica no bajar la guardia, ya que, aunque suene cansino, seguimos en un entorno VUCA-BANI y este te obliga a no estancarte si quieres seguir creciendo y aumentar el número de clientes e ingresos.

Ocurre que muchas empresas que se encuentran en esta etapa consideran que como llevan tiempo (normalmente más de 15 años) y siguen en el mercado no es necesario hacer cambios o modificaciones porque conocen perfectamente lo que ocurre. Hasta cierto punto, eso es innegable: es cierto que conocen las condiciones concretas que los han llevado hasta ahí, la etapa de Seguimiento, aunque no las condiciones que les pueden llevar hacía allí, la etapa Retadora. Sus paradigmas interno y externo deben mejorar.

Además, si no trabajas en esas mejoras internas o externas, llegarán nuevas empresas que te adelantarán por la derecha y por la izquierda, limitando tu crecimiento, porque serán ellas las que empiecen a copar el mercado, o surja una crisis mundial o sectorial que cribará seleccionando a las mejor preparadas.

Resumiendo: el objetivo principal de esta etapa es mejorar todos los procesos, tanto internos como externos, buscando, como siempre, aumentar los ingresos. Se ha de trabajar en todos los aspectos del cuadrado de crecimiento (clientes, equipo, formación y *Kaizen*) para lograrlo.

Análisis y mejora de las propuestas de valor

Es el momento clave de conocer cómo están tus propuestas de valor con respecto a la competencia y el mercado, si no lo has hecho en etapas anteriores de la espiral. Aquí cobra más sentido, porque vas a dar un salto cualitativo hacia las grandes ligas empresariales y, por tanto, debes saber cuál es tu posición en la tabla general para saber cómo poder ascender.

El análisis lo tienes que realizar mediante las herramientas de la matriz BCG y el ciclo de vida del producto, y el ascenso mediante la captación de más ingresos con la diversificación.

Matriz BCG

La matriz BCG es una herramienta de planificación estratégica desarrollada por el Boston Consulting Group (de ahí su nombre) que te permite identificar dónde se encuentran cada una de tus propuestas de valor y cuáles son las oportunidades de crecimiento de cada una de ellas.

La matriz BCG es una representación gráfica que clasifica las propuestas de valor según dos criterios: la cuota de mercado y la tasa de crecimiento en dicho mercado. La cuota de mercado no es nada más ni nada menos que la cifra de ventas que tienes con respecto a la suma total de las ventas del mercado (incluyen tus ventas y la de los competidores). La tasa de crecimiento es la cifra de ventas que se podría alcanzar si se vendiera a todo el mercado potencial existente, es decir, a todos los posibles clientes que hay en dicho mercado.

Teniendo en cuenta eso, la matriz BCG sitúa en qué posición están tus propuestas de valor dentro del mercado y con respecto a tus competidores, estableciendo cuántos ingresos has logrado y si tienes opciones de poder conseguir más.

Según eso, tus propuestas de valor se van a dividir en Interrogantes, Estrellas, Vacas lecheras o Perros.

Matriz BCG

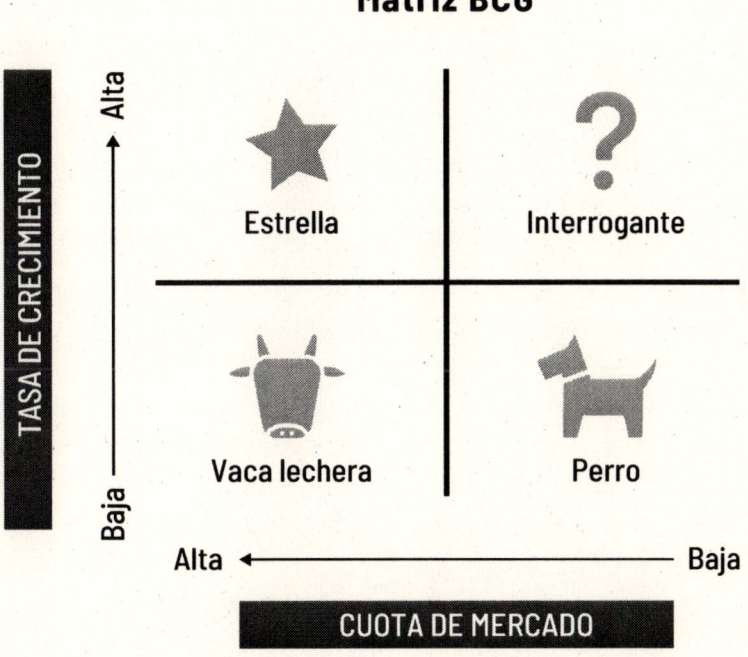

Los Interrogantes tienen una baja cuota de mercado (mínima facturación frente al total del mercado) pero una alta tasa de crecimiento en el mercado (están captando y pueden captar a más clientes). Las Estrellas tienen una cuota alta de mercado (facturación elevada en mercado con respecto a la competencia) y una alta tasa de crecimiento en el mercado (están captando y pueden captar más clientes). Las Vacas lecheras tienen una alta cuota de mercado (facturación elevada dentro del mercado) y una baja tasa de crecimiento en el mercado (tienen pocas posibilidades de captar más clientes, salvo que se los arrebaten a la competencia). Los Perros tienen una baja cuota de mercado (mínima facturación en el mercado) y baja tasa de crecimiento (pocas posibilidades de captar más clientes).

Una vez analizada tu cartera de propuestas de valor según la BCG, es el momento de tomar decisiones estratégicas de asignación de recursos con el objetivo de seguir creciendo en facturación. Hay que tener en cuenta lo siguiente a la hora de asignar recursos:

- Interrogantes. Van a demandar muchos recursos, pero tienen el potencial de convertirse en Estrellas si se realiza bien.

- Estrellas. Suelen ser propuestas de valor líderes de su mercado, lo que conlleva que generan más ingresos que la inversión necesaria. Los recursos destinados a ellas tienen el objetivo de seguir creciendo porque aún hay muchas posibilidades de crecimiento manteniendo esa posición de líder.

- Vacas lecheras. Al igual que las anteriores generan más ingresos que los recursos que necesitan, pero en este caso los recursos suelen ser menores y están muy optimizados. Suelen ser fuentes estables y continuadas de ingresos.

- Perros. A pesar de que no requieren muchos recursos, tampoco generan muchos ingresos. Suelen ser candidatos a ser eliminados o restructurados.

Los recursos necesarios pueden ser la optimización de los embudos de conversión, incorporar o mejorar las propuestas de valor, incluir a más personas o elementos productivos a los equipos, etc.

Una BCG óptima debe ser una combinación de propuestas de valor en cada uno de los cuadrantes, aunque lo ideal es que estén focalizadas en los cuadrantes Estrella y Vaca lechera principalmente. Ambas generan ingresos que pueden ser invertidos para seguir creciendo.

Ciclo de vida del producto

Un producto es una solución, producto o servicio; en definitiva, una propuesta de valor. Y el ciclo de vida es una herramienta de *marketing* que explica en qué fase se encuentra la propuesta de valor teniendo en cuenta su vida útil y su permanencia en un mercado.

El ciclo de vida se divide en cinco etapas: Desarrollo, Introducción, Crecimiento, Madurez y Declive.

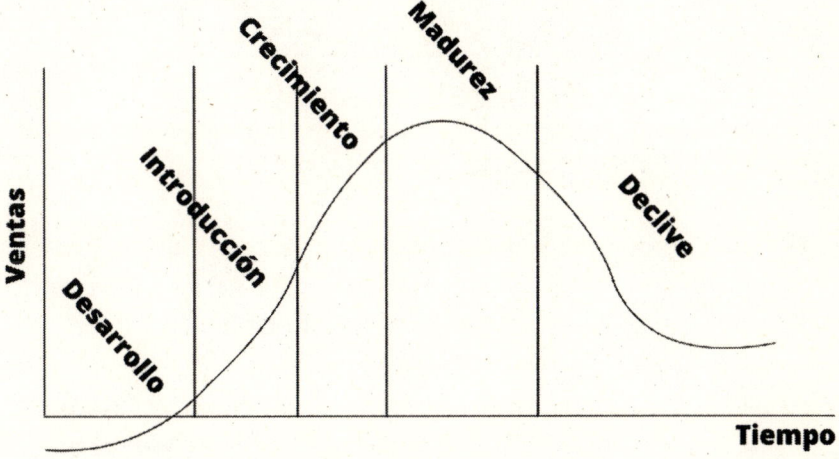

La etapa de Desarrollo coincide con el desarrollo de *Design thinking* y *sprints* que se ejecutan en la etapa de *Start-up* para desarrollar el MVP. En la etapa de Introducción, el MVP es lanzado al mercado y se empieza a conseguir los primeros clientes. Luego llega la etapa de Crecimiento, donde la demanda de la propuesta de valor aumenta y comienza a expandirse por el mercado. Si las ventas alcanzan su máximo, se llega a la etapa de Madurez. Y la etapa de Declive surge por la saturación en el mercado, lo que conlleva a su futura desaparición, posiblemente.

Si unimos las situaciones de las propuestas de valor del análisis y estudio de la matriz BCG junto con el posicionamiento en el ciclo de vida, nos vamos a encontrar que existe concordancia entre ambas, como se demuestra en la siguiente imagen:

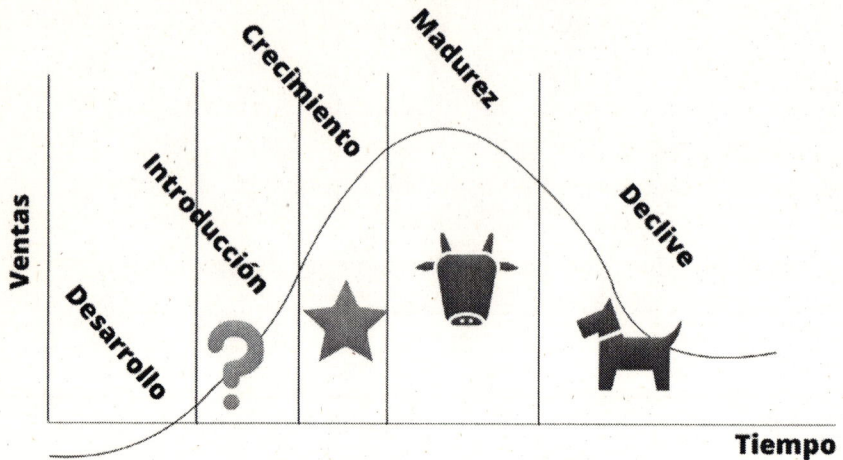

Y ahora, te hago las siguientes puntualizaciones:

a. No todas las propuestas de valor van a seguir todo el ciclo de vida completo, porque puede que en alguna etapa salte a Perro o desaparezcan directamente por quedar obsoletas.

b. El ciclo de vida no tiene establecido un plazo determinado; puede durar más de 100 años o bien solo 3 años: dependerá del mercado y sector.

c. Lo habitual es seguir cada etapa del ciclo de vida, pero se puede saltar una etapa o quedarse perpetuamente en una.

Para aclararte esto vamos a poner dos ejemplos, Coca-Cola y Apple. Una posible clasificación de las propuestas de valor de Coca-Cola a nivel mundial sería:

● Perro. Coca-Cola Original.

- Madurez. Coca-Cola Light.

- Principios de Madurez. Coca-Cola Zero.

- Principios de Crecimiento. Coca-Cola Zero Zero.

- Desarrollo. Coca-Cola Green/Life (posible nombre de nuevo producto).

Para llegar a la situación de Perro han pasado más de 130 años desde el lanzamiento de la Coca-Cola Original, pero desde su desarrollo hasta la situación de principios en la fase de Madurez de la Coca-Cola Zero, solo han transcurrido 10 años.

En el caso de Apple, el primer iPhone salió al mercado en 2007 y en 2023 salió el iPhone 15. Si haces los cálculos, es un ciclo de vida de un año por modelo, aunque la realidad es que el ciclo de vida está en cinco años, donde conviven en las distintas etapas entre cinco y seis modelos.

Análisis de competitividad

En 2005, W. Chan Kim y Renée Mauborgne definieron los conceptos de Océanos rojos y Océanos azules sobre la situación de los mercados a los que se enfrentan las empresas.

Un Océano rojo es un mercado con una competencia intensa, de suma cero, habitualmente, por la existencia de guerra de precios y donde se compite por quitar cuota de mercado al competidor. En cambio, un Océano azul es un mercado donde apenas hay competencia, donde la innovación es clave y existen muchas oportunidades de crecimiento.

Ya se ha comentado anteriormente que nos encontramos en un entorno muy saturado competitivamente, por lo que tu empresa posiblemente compita en un Océano rojo. Pero se puede revertir esa situación si analizas a tus competidores y desarrollas nuevas propuestas de valor muy diferenciadas. Al igual que todas las herramientas que vamos a ver en este apartado, la puedes aplicar en etapas de la espiral anteriores y posteriores, pero aquí toma más relevancia para avanzar en la espiral.

Para poder llegar a ese Océano azul tienes que desarrollar un análisis de competitividad, que consiste en seleccionar una serie de criterios y elementos de interés para los *buyer persona* con respecto a su proceso de selección y compra de las propuestas de valor que existen en el mercado y, junto a un criterio de puntuación, establecer cuáles desarrollan tanto tus competidores como tú y a qué nivel.

Análisis de competitividad

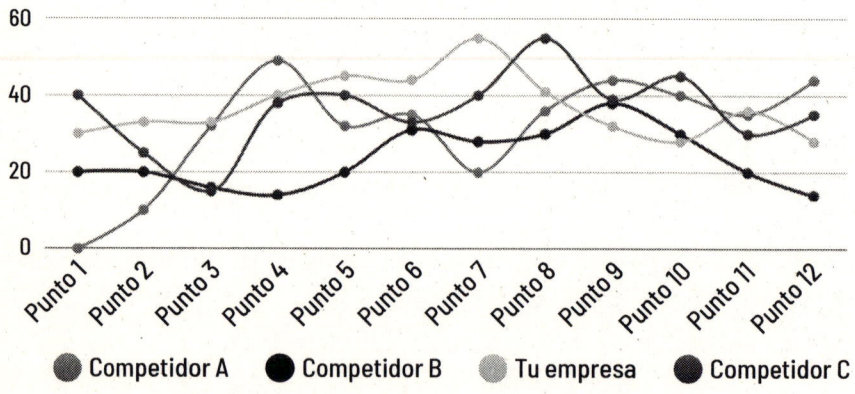

Una vez que tienes la gráfica, analiza en qué puntos o criterios estás por encima de la competencia y cuándo ellos están por encima de ti. Partiendo de eso, identifica las distintas oportunidades que se presenten en el análisis; esto implica entender aquellos requisitos y puntos que no se cumplen de forma satisfactoria, ni por ti ni por los competidores. A continuación, desarrolla una nueva propuesta de valor innovadora o de mejora del ya existente.

Al ofrecer algo que se adapta como un guante a lo que el *buyer persona* necesita, sales del Océano rojo, ya que ofreces algo muy diferenciador y personalizado con respecto al resto de opciones del mercado.

Ventajas competitivas y *core business*

Empecemos por definir ambos conceptos. El *core business* es el conjunto de actividades o procesos que una empresa realiza mejor que sus competidores y que es la base para conseguir ingresos, rentabilidad y éxito a largo plazo. La ventaja competitiva es una característica, proceso o acción única, inimitable y estable en el tiempo que una empresa tiene y sus competidores no. Ambas se hacen internamente y tienen una repercusión positiva externamente.

Por tanto, tu empresa desarrollará una serie de procesos y acciones internas que se realizan mejor que como lo hace la competencia (*core business*), y una o varias de ellas no pueden ser copiadas por la competencia ni en el corto ni en el medio plazo (ventaja competitiva).

Ejemplos de lo que es el *core business* y ventajas competitivas en empresas muy reconocidas tenemos las siguientes:

- Apple. El diseño y fabricación de dispositivos electrónicos innovadores y *software* es su *core business,* y su principal ventaja competitiva es que ha creado un ecosistema cerrado y altamente integrado en todos sus dispositivos, haciendo que la experiencia del usuario sea única y difícil de replicar.

- Starbucks. Su *core business* es la venta de café *premium* y su principal ventaja competitiva es el ambiente y experiencia de marca en sus locales, que crea fidelización entre sus clientes.

- Netflix. Su *core business* es que es una plataforma de *streaming* de contenidos audiovisuales, siendo sus principales ventajas competitivas el contenido original y exclusivo, junto con los algoritmos de recomendación personalizados de qué visualizar.

- Zara (Inditex). El diseño, producción y venta de ropa y accesorios de moda es su *core business,* mientras que su principal ventaja competitiva es ofrecer distintas colecciones de moda en cada temporada (primavera, verano, otoño e invierno) a precios asequibles y con alta rotación de inventario.

Estos ejemplos muestran cómo diferentes empresas, en diversos sectores, han identificado y cultivado tanto su *core business* como sus ventajas competitivas. Es esencial que reconozcas y fortalezcas tu *core business* mientras buscas y mantienes ventajas competitivas que te diferencien de la competencia. Lo ideal es tener el máximo número de ventajas competitivas posibles. Y ahora, la pregunta: ¿cómo lo hago?

Michael Porter, en su libro *Ventaja competitiva: creación y sostenibilidad de un rendimiento superior*, estableció las bases para lograrlo mediante la cadena de valor.

La cadena de valor es un análisis y planteamiento del desarrollo de los procesos y las actividades que una empresa realiza para generar propuestas de valor. Los procesos y actividades de la cadena de valor se clasifican en dos categorías: actividades primarias y actividades secundarias o de soporte.

Las actividades primarias son aquellas que están directamente relacionadas con la creación, producción, venta y distribución de las propuestas de valor. Se dividen en:

- Logística interna. Consiste en la recepción, almacenamiento y distribución en las propias instalaciones de la empresa.

- Operaciones/Producción. Son todos los procesos de producción, gestión y transformación.

- Logística externa. Almacenamiento y distribución hacia el cliente.

- *Marketing* y ventas. Todas las acciones centradas en la atracción y captación de clientes.

- Servicios. Actividades posventa que retienen o fidelizan a los clientes.

- Las actividades secundarias o de soporte proporcionan la infraestructura necesaria para que las actividades primarias se lleven a cabo. Estas incluyen:

- Infraestructura de la empresa. Comprende todos aquellos procesos transversales dentro de la empresa como son la planificación estratégica, la contabilidad y las finanzas.

- Gestión de recursos humanos. Aquellas actividades relacionadas con la contratación, formación, desarrollo y motivación del equipo.

- Desarrollo tecnológico. La incorporación tanto de elementos como de procesos a través de la tecnología y la innovación.

- Aprovisionamiento. Todos los recursos, materiales e insumos necesarios para el desarrollo de las operaciones empresariales.

Con la cadena de valor tienes que pensar y replantear cómo desarrollar las actividades primarias y secundarias para que se conviertan en *core business*, y trabajar para que algunas sean ventajas competitivas. Al menos debes tener una ventaja competitiva, aunque lo ideal es tener una dentro de cada actividad primaria. Cuanto mayor sea el número de tus ventajas competitivas, mejores serán tus propuestas de valor, lo que te permite captar más clientes e ingresos.

Un elemento para tener en cuenta es que la cadena de valor no solo son procesos y actividades internas de tu empresa: también puedes contar con las externas, que pueden ser realizadas por proveedores, colaboradores o subcontratas. Por tanto, la cadena de valor de tu empresa debe estar vinculada a las cadenas de valor de tus proveedores, colaboradores y subcontratas.

Matriz DAFO

Para el siguiente paso necesitas toda la información que obtengas de las herramientas anteriores, junto con la ampliación del desarrollo del análisis interno y externo del entorno donde se encuentra tu empresa: la matriz DAFO. El DAFO es un análisis del entorno, tanto interno como externo, que te va a permitir identificar Debilidades, Amenazas, Fortalezas y Oportunidades. Como podrás observar, DAFO es un acrónimo que representa los cuatro elementos que se tienen que analizar.

En el análisis externo vas a detectar las Amenazas y Oportunidades. En el análisis interno conocerás tus Fortalezas y Debilidades. Las Amenazas son todos aquellos factores externos que pueden poner en peligro la supervivencia o el éxito de tu empresa; puede que ocurran o no, pero hay que valorarlas. Las Oportunidades son aquellas situaciones externas que puedes aprovechar para mejorar tu posición competitiva, incrementar tus ventas y rentabilidad. Por otro lado, las Fortalezas son las capacidades o recursos que posee tu empresa que son superiores a los del resto de competidores del mercado. Finalmente, están las Debilidades, que son las limitaciones o deficiencias que tiene tu empresa y que le impiden alcanzar su máximo potencial.

La matriz DAFO se suele representar de manera gráfica en una matriz 2×2 de la siguiente manera:

Análisis DAFO

Análisis interno		Análisis externo
DEBILIDADES	**D** **A**	**AMENAZAS**
• Debilidad 1 • Debilidad 2 • Debilidad 3 • Debilidad X		• Amenaza 1 • Amenaza 2 • Amenaza 3 • Amenaza M
FORTALEZAS	**F** **O**	**OPORTUNIDADES**
• Fortaleza 1 • Fortaleza 2 • Fortaleza 3 • Fortaleza Y		• Oportunidades 1 • Oportunidades 2 • Oportunidades 3 • Oportunidades N

Un DAFO óptimo será aquel que contiene muchos elementos dentro de los cuadrantes de Oportunidades y Fortalezas, y pocos elementos en los cuadrantes de Amenazas y Debilidades.

Una vez que desarrolles el análisis DAFO, lo ideal es centrarse en las distintas Oportunidades que se presentan y aprovecharlas utilizando tus Fortalezas. Esta interrelación te permite lograr resultados en corto plazo. Aparte, pensando en el largo plazo, tienes que establecer planes de acción para disminuir las Debilidades de tu empresa y planes de contingencia por si surgieran las Amenazas.

Empoderamiento del equipo

Te voy a señalar 10 frases, o razones muy conocidas, antes de explicar el empoderamiento de tu equipo y cómo aplicarlo:

1. Si quieres ir rápido, camina solo. Si quieres llegar lejos, ve acompañado.

2. El trabajo en equipo divide el esfuerzo y multiplica los resultados.

3. Ninguno de nosotros es tan bueno como todos nosotros juntos.

4. Una sola flecha se rompe fácilmente, pero un haz de diez flechas es resistente.

5. Juntos somos más fuertes.

6. El trabajo en equipo hace el sueño realidad.

7. Un árbol en solitario se cae, pero un bosque permanece en pie.

8. La unión hace la fuerza.

9. Nadie llega a la cima sin la ayuda de los demás.

10. Una sola mano no puede aplaudir, pero dos manos crean música.

Ya te he indicado anteriormente la importancia de aprovechar el talento de tu equipo y de por qué es mejor crear un equipo compensado en tu empresa. Ahora toca detallar cómo poder aprovecharlo.

Cuando conformas un equipo mediante DISC, con el objetivo de aprovechar todas sus *soft-skills* (habilidades, aptitudes, actitudes, experiencia, conocimientos, valores, etc.) para el crecimiento de tu empresa, tienes que empoderarlas. Empoderarlas significa que un grupo de personas de tu equipo, o todo tu equipo, tienen la responsabilidad y autoridad para tomar decisiones.

Esto puede dar miedo porque pienses que vas a perder el control o la autoridad, pero si se establecen los protocolos correctos donde se definen los procesos y responsabilidades, tienes todas las de ganar, porque te conviertes en un líder. Para que puedas verlo más claro, retomamos el ejemplo de cómo lo hacen un entrenador deportivo y su equipo. El entrenador establece la estrategia antes del partido, da las instrucciones precisas a su equipo, indica a cada miembro cuál es su rol y qué deben hacer frente a las acciones y respuestas del equipo contrario. Cuando comienza el partido, el entrenador deja que el talento y las instrucciones establecidas funcionen solas; si todo funciona, interviene poco, pero cuando algo va mal, apoya con nuevas instrucciones, realiza los cambios convenientes… pero siempre confía en su equipo. En definitiva, un equipo empoderado se organiza y funciona con autonomía guiados por un líder.

El empoderamiento de tu equipo no funcionará si falta alguno o cualquiera de los siguientes factores: confianza, transparencia, comunicación, flexibilidad, apertura a nuevas ideas, reconocimiento y apreciación.

A la hora de empoderar, hazlo con la base del desarrollo de proyectos. Los proyectos deben estar vinculados a algo que la empresa debe conseguir, como:

a. Desarrollo de nuevas propuestas de valor.

b. Implementación y mejoras del *core business* mediante transformación digital.

c. Expansión a nuevos mercados.

d. Optimización del embudo de conversión.

e. Incorporar políticas de diversidad e inclusión.

f. Etc.

Para llevar a cabo esos proyectos crea grupos interdepartamentales (finanzas, producción, *marketing*, ventas, etc.) con al menos una persona de cada departamento, e incluso con los colaboradores y subcontratas si forman parte del proyecto a desarrollar.

Una vez seleccionado el proyecto y las personas de tu equipo que lo van a llevar a cabo, ponlo en marcha mediante *sprints*. Pero no lo hagas solo una vez, sino que plantéalo como un proceso continuado en el tiempo, un proceso de mejora continua: *Kaizen*.

Por un lado, vas a lograr mayor satisfacción laboral, retención del talento e involucración de tu equipo con la empresa y el proyecto. Por otro lado, una mayor productividad que se transforma en más clientes e ingresos.

Inbound marketing y Outbound sales

Las ventas se logran por una cuestión de confianza en que las expectativas y la experiencia de compra que quiere conseguir el cliente se va a lograr. Por ese motivo el embudo de conversión tiene que transmitir, desarrollar y ejecutar un *customer journey* perfecto para lograr ventas.

Antes de la pandemia, para generar dicha confianza, se necesitaban entre 5 y 7 puntos de contacto con los posibles clientes para poder conseguir una venta. Tras la pandemia ha aumentado la exigencia, por parte de los posibles clientes, de elementos para validar la credibilidad de las distintas propuestas de valor, siendo esta de entre 7 a 13 puntos de contacto. Esto, junto a que los procesos de compra han variado por la incorporación del entorno virtual en una parte del proceso —o en gran parte—, nos encontramos que el embudo de conversión está conformado por otros embudos en cada una de las fases de AIDA.

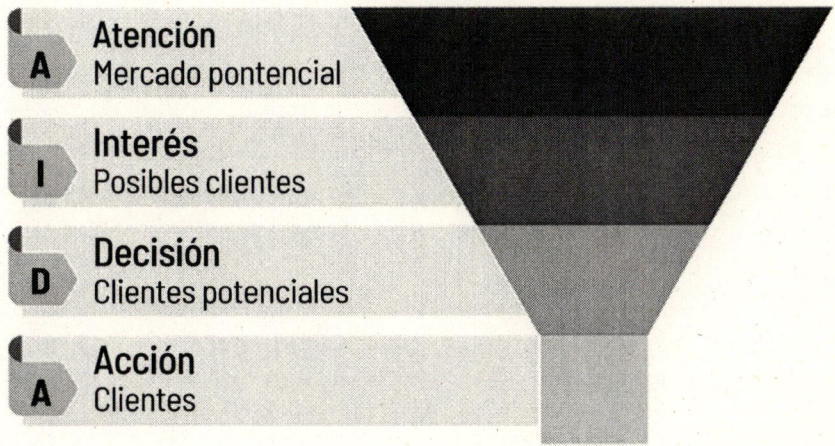

**AIDA
Embudo de ventas**

A — **Atención** Mercado pontencial

I — **Interés** Posibles clientes

D — **Decisión** Clientes potenciales

A — **Acción** Clientes

Dentro del *growth marketing* hay dos estrategias que facilitan lograr el máximo número de puntos de contactos con los posibles clientes, que se conocen como *inbound marketing* y *outbound sales*.

El *inbound marketing* se centra en atraer clientes a través de acciones de *marketing* focalizadas en proporcionar información útil y relevante para los *buyer persona*. Consiste en tener una comunicación constante y personalizada para cada tipo de *buyer persona*, con el objetivo de que tengan información, se sientan comprendidos, apoyados, asesorados y satisfechos durante todo su *customer journey*. Entre las distintas acciones del *inbound marketing* se encuentran el *marketing* de contenidos, posicionamiento SEO, *social media marketing, email marketing*, etc.

El *outbound sales* consiste en acciones de venta más proactivas y directas hacia los posibles clientes. Sigue el concepto tradicional de ventas, pero dentro del entorno virtual mediante contactos en frío, correos electrónicos fríos, mensajes directos, *social selling*, etc.

Para que tu embudo de conversión cumpla con las demandas y experiencias de compra que quieren tus clientes debes trabajar conjuntamente ambas técnicas, además de combinarlas con acciones *offline* y presenciales. Aparte, el entorno virtual va a ampliar tu alcance debido a que puedes llegar a más tipologías de *buyer persona* y de posibles clientes de una forma más rápida y económica que si lo hicieras solo presencialmente. Vas a aumentar tu productividad comercial y, con ello, la captación de clientes e ingresos.

Automatización

Gracias a los avances en programación, inteligencia artificial y robotización, tienes multitud de opciones y posibilidades para mejorar y aumentar la productividad de tu equipo mediante la automatización de rutinas. Además, la automatización va a hacer que tu empresa sea más eficiente, eliminando los fallos humanos y mejorando la personalización, sin olvidarte de la reducción de costes.

Tienes dos opciones de automatización: *back office* y *front office*. La primera se centra en todas aquellas acciones y procesos que se desarrollan internamente, como producción, administración, gestión documental, etc. La segunda se focaliza en todas aquellas interacciones que se realizan con el cliente, como *marketing*, ventas y atención al cliente.

La automatización del *front office* te va a permitir vender de manera más efectiva en múltiples canales, formatos y medios a la vez. Con la automatización puedes gestionar parte del recorrido del *customer journey* y las acciones del embudo de conversión sin que tu equipo intervenga. No solo vas a controlar un gran número de posibles clientes, sino también a determinar en qué momento están realmente interesados en tu propuesta de valor, para que el equipo de ventas intervenga.

Con la automatización del *front office* no solo vas a gestionar mejor el embudo de conversión, sino también todo lo relacionado con la gestión de información de clientes, predicción de ventas, los procesos internos de *marketing* y ventas y las campañas publicitarias.

Gracias a la automatización del *back office* vas a poder reemplazar la gran mayoría de los procesos manuales y repetitivos que consumen mucho tiempo. Con ello vas a lograr mejores procesos y flujos internos evitando los cuellos de botella, porque todo se lleva a cabo de manera consistente y coordinada gracias a las soluciones de *software*, transformación digital y de robotización. Los beneficios que vas a conseguir con esta automatización interna son: eficiencia, mayor productividad, mejor comunicación, menos errores, menos trabajo manual, menos correos electrónicos/llamadas/reuniones y reducción de los costes generales.

Círculo y espiral de crecimiento de Seguimiento

Para cumplir con los tres elementos del círculo de crecimiento, en la etapa de Seguimiento tienes que mejorar todo lo que hasta ahora estabas haciendo, tanto interna como externamente.

Desde el punto de vista externo, se ha detallado cómo conocer las posibilidades de tu cartera de propuesta de valor actual, así como las posibles oportunidades que te ofrece el mercado mediante la matriz BCG y el ciclo de vida del producto, y también cómo realizar un buen análisis competitivo para poder desmarcarte de los Océanos rojos.

Sobre los puntos a mejorar en la parte interna, se ha precisado cómo desarrollar ventajas competitivas partiendo del *core business* para lograr más diferenciación y mejor productividad.

El resumen de ambos análisis se desarrolla mediante la matriz DAFO, que te va a ayudar a establecer las prioridades en cuanto a ejecución tanto a corto, como a medio y largo plazo. Y dentro de estas prioridades está la aplicación de acciones *inbound marketing* y *outbound sales* para aumentar la captación de clientes e ingresos, el empoderamiento de tu equipo y la automatización para mejorar la productividad.

Ingresos

Seguimos con el objetivo de aumentar ventas e ingresos, porque sin ellos no hay crecimiento.

En esta etapa, los análisis que vayas a realizar tanto en la cartera de propuestas de valor, el estado de cada una de ellas en el ciclo de vida, las nuevas oportunidades de propuestas de valor que surjan del análisis de competitividad, junto con la interrelación entre Oportunidades y Fortalezas del DAFO, van a sentar las bases para tu crecimiento.

Tras eso, debes poner en marcha las mejoras y nuevas propuestas de valor mediante el embudo de conversión.

A la par, el embudo de conversión debe contemplar las técnicas y acciones de *inbound marketing* y *outbound sales* para aumentar el alcance de tus actuales propuestas de valor, las mejoradas y las nuevas. Con ello, vas a poder dirigirte a nuevos *buyer persona*, desarrollar más acciones de *cross-selling* y *up-selling*, lo que finalmente se traduce en más clientes e ingresos.

Inversión

Aunque tienes que invertir en nuevos elementos —que vamos a ver a continuación—, no te olvides de seguir invirtiendo en la incorporación de personas en el equipo y en elementos productivos, si es tu caso.

En esta etapa, la inversión se tiene que focalizar en mejorar la productividad mediante la automatización. Esto conlleva la incorporación de *software, hardware*, robótica y el resto de las soluciones de transformación digital, dependiendo de tu sector, mercado y tipología de propuestas de valor.

Como te aconsejé en la etapa anterior, parte de esa inversión se financiará mediante los fondos propios que has adquirido de la etapa previa y los que vas a adquirir en la etapa actual de la espiral de crecimiento. Pero la gran mayoría debería provenir de fuentes de financiación pública que están destinadas exprofeso a inversiones en transformación digital.

Es posible que puedas acompañarla con posibles ayudas y subvenciones, porque las administraciones públicas (internacionales, estatales, regionales o locales) destinen fondos para ello y existan convocatorias en vigor. Las subvenciones y ayudas van a minorar el importe de la inversión, lo que siempre es ventajoso, no solo por la reducción de costes sino también por el aumento en futuras soluciones o inversiones, gracias a la devolución del importe invertido.

Productividad

Uno de los departamentos donde vas a aumentar la productividad es el departamento comercial y de *marketing* gracias a los resultados de los distintos análisis: nuevas y mejoradas propuestas de valor, nuevas opciones de *up-selling* y *cross-selling* y nuevos *buyer persona*.

Con la automatización vas a liberar a tu equipo de las acciones rutinarias y puedes focalizarlo en destinar a planificar y ejecutar aquellos proyectos y acciones estratégicas que te van a permitir crecer. De igual forma, la automatización del *back office* va a reducir tus costes y, con ello, el aumento de la productividad global.

Desarrollar y mejorar tus ventajas competitivas y *core business* te permite diferenciarte más aún de tus competidores y eso aumenta las posibilidades de captación de más clientes e ingresos. Y no te olvides de que si incorporas la automatización en tu cadena de valor puedes conseguir un efecto multiplicador en tus ventajas competitivas y *core business*.

En resumen: todas esas actuaciones van a lograr que tu empresa sea un referente por su productividad y captación de ingresos.

Escalar en la espiral de crecimiento

Y te preguntarás, ¿cómo llego a convertirme en una empresa Retadora? Pues la respuesta es muy parecida a la que te di en la etapa de Seguimiento.

Una empresa Retadora es aquella que, aunque no es la líder en su sector o mercado, quiere romper el *statu quo* y busca ganar cuota de mercado para superar al líder. Así que todo se traduce a número de clientes y facturación.

No es necesario ser la número 2 de tu sector o mercado, aunque sería lo ideal porque habrá menos camino que recorrer, pero lo que sí está claro es que es más una cuestión de mentalidad y comportamiento que de posición.

Una empresa Retadora adoptará las estrategias para desafiar activamente a la empresa líder de su sector. Puede ser la segunda, la tercera, la décima o incluso una empresa que acaba de entrar en el *top* 50 o 200 de las que más facturan. Podrías ser la empresa número 30 de ese ranquin, pero las 28 restantes hasta el líder se pueden encontrar muy satisfechas con esa posición y no realizar ningún esfuerzo por desafiar a la empresa líder. Por tanto, tú serías la Retadora y el resto se encontraría en la etapa de Seguimiento.

¿Quieres ser Retadora o quieres quedarte en la etapa de Seguimiento?

8
RETADORA

La diferencia entre una empresa Retadora con respecto a las que están en la etapa de Seguimiento es que la primera se esfuerza de manera proactiva en superar a todas las empresas que están en su nivel, y sobre todo a la empresa líder de su sector y mercado.

En esta etapa tienes que seguir aplicando todas las herramientas y técnicas que se han detallado en la etapa Seguimiento, además de todas las anteriores:

- BCG.

- DAFO.

- Cadena de valor.

- Empoderamiento.

- Embudos de conversión.

- *Inbound marketing* y *Outbound sales*.

- Automatización.

- Cartera de propuestas de valor.

- *Buyer persona* y *customer journey*.

- Etc.

Pero no solamente eso, porque tienes que seguir creciendo: ya formas parte de las grandes ligas empresariales y para lograr ese crecimiento tienes que implantar técnicas de diversificación, como la matriz de Ansoff, de organización, como las unidades de negocio, o de crecimiento, como las alianzas estratégicas.

En definitiva, tu objetivo principal es superar la facturación de la empresa líder y llegar a la etapa de Liderazgo.

Matriz de Ansoff

Igor Ansoff redactó un artículo titulado «Estrategias de diversificación», en el que describió cuatro alternativas de crecimiento y expansión de negocios para poder enfrentarse al entorno competitivo. Las cuatro alternativas surgen de una combinación entre

Matriz de Ansoff

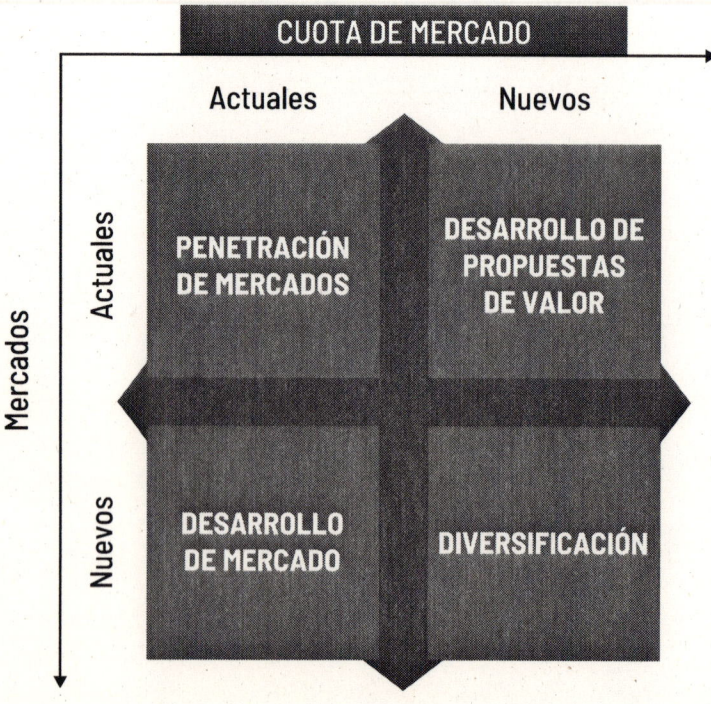

mercados actuales y nuevos, y propuestas de valor. Las cuatro alternativas son: penetración de mercado, desarrollo de mercado, desarrollo de propuesta de valor y diversificación.

Para explicar cómo funciona la matriz vamos a imaginar la siguiente situación: alguna o varias de tus propuestas de valor son Vacas lecheras y están comenzando en la etapa de madurez del ciclo de vida, lo que te indica que va a llegar un momento en que se estabilicen las ventas y muy posiblemente en algún momento se conviertan en Perro. ¿Te resignas a que pase lo que tenga que pasar o haces algo?

Lo primero y más sencillo que puedes hacer es la penetración de mercados, que consiste en aprovechar tus actuales propuestas de valor con el objetivo de alcanzar más cuotas de mercado, quitándoselas a los competidores o llegando a posibles clientes a los que aún no has llegado. ¿Cómo lo haces? Una opción podría ser optimizando tu embudo de conversión (*inbound marketing* y *outbound sales*) y otra mejorar la experiencia de compra mediante automatización, por ejemplo.

La siguiente opción, también sencilla, sería seguir en el mismo entorno competitivo, mercado, y aprovechar tus conocimientos sobre los *buyer persona*, el análisis de competitividad y el DAFO para desarrollar nuevas propuestas de valor. A modo de ejemplo, es lo que hizo Apple con el Apple Watch.

Si valoras que ninguna de las dos te parece interesantes o eres una persona más arriesgada, te quedan las dos últimas opciones: desarrollo de mercado y diversificación.

En el desarrollo de mercado utilizas tus actuales propuestas de valor para crecer en nuevos mercados. Para lograrlo, te diriges a nuevos *buyer persona* que pueden demandar o necesitar alguna de tus propuestas de valor actuales.

La diversificación consiste en desarrollar una nueva propuesta de valor para nuevos *buyer persona*.

El objetivo de todas estas estrategias es aumentar el alcance y crecimiento en ventas, y en el caso del desarrollo de mercado, crear un nuevo ciclo de vida.

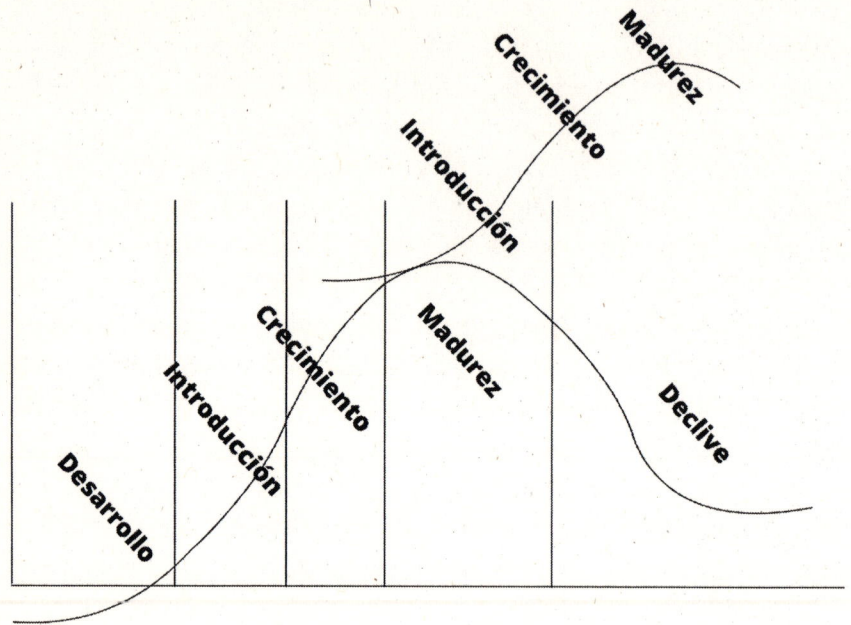

Benchmarking

Dos grandes celebridades dijeron:

> «No basta con hacer bien las cosas, hay que hacerlas mejor que los demás.» — ALBERT EINSTEIN.

> «Aquel que no está dispuesto a aprender de los demás, nunca podrá alcanzar su máximo potencial.» — BRUCE LEE.

Pues en eso consiste el *benchmarking*: es un proceso de análisis y comparación de las buenas prácticas (ventajas competitivas y *core business*) de una empresa reconocida y luego adaptar e implantar esas prácticas en tu empresa para mejorar tu rendimiento.

Es importante que tengas en cuenta que no se trata solo de copiar: se trata de aprender de quien lo hace mejor y adaptar lo aprendido a las circunstancias y necesidades específicas de tu empresa. Esto significa que el *benchmarking* es tanto un proceso de aprendizaje como un proceso de cambio.

Cuando se desarrolla un proceso de *benchmarking* puedes analizar a tus competidores para mejorar en aquello que estás fallando, pero también puedes analizar cualquier otro tipo de empresa, ya sea que esté en tu sector o mercado o no, pero que consideras que te puede ayudar en algún aspecto de tu *core business*. E incluso puedes analizar aquellos departamentos de tu empresa que tienen prácticas y procesos excelentes para mejorar otros.

Para comprenderlo mejor, pongamos un ejemplo. Cuando estás desarrollando tu cadena de valor para mejorar tu *core business* y lograr más ventajas competitivas, te das cuenta de que la logística externa no funciona bien. Es el momento de aplicar el *benchmarking* y te puedes plantear las siguientes opciones:

- Si la logística interna funciona de manera excelente, analiza qué podrías trasladar de una a otra.

- Si la competencia, tras el análisis de competitividad, tiene mejor valoración, cabe estudiar cómo lo hacen.

- Localizar una empresa del sector logístico que es reconocida por su excelencia y ventaja competitiva para analizarla.

Cualquiera de las tres opciones es idónea, aunque la ideal sería la última. Pero ten en cuenta que, tras el análisis, adáptala a tu empresa, y si puedes mejorarla, mejórala.

Resumiendo: el *benchmarking* es una herramienta clave para la mejora continua (*Kaizen*) y puede ayudarte a ser una empresa más competitiva dentro de tu sector y mercado.

Estrategias de crecimiento

Desde los inicios como *Start-up*, ya quedó claro que, si querías seguir avanzando en la espiral de crecimiento, no tenías más remedio que crecer continuamente.

Hasta ahora, todo el crecimiento se ha basado en aquellos recursos, herramientas y talento que estaban en tu mano. Pero ahora tienes que ampliar miras, porque quieres llegar a ser líder de tu sector y mercado. También tienes que realizar estrategias que escalen mucho en ventas, clientes, cuota de mercado o en el *core business*, y por ello tienes que realizar estrategias de crecimiento como la fusión, la adquisición, las alianzas estratégicas y la innovación.

La elección de una o todas dependerá en gran medida de las circunstancias específicas de tu empresa, tu perfil, las oportunidades que se presenten y, sobre todo, la estrategia global de tu proyecto empresarial.

Fusión

Para lograr la etapa de Liderazgo, has detectado que necesitas:

- O una cartera de propuestas de valor mayor.

- O más volumen de ventas y clientes.

- O participar en más mercados.

- O aumentar la productividad y reducir costes.

- O completar todo el proceso de gestión o productivo de tu sector.

En cualquiera de los casos tienes que llegar a un acuerdo que beneficie a ambas empresas (competidor, proveedor, cliente, colaborador o empresa de interés) que os vais a fusionar. Y eso se logra porque estáis en igualdad o similitud de condiciones de tamaño, ventas y escala de operaciones.

La fusión, como el resto de las estrategias de crecimiento que vamos a ver, es un proceso arduo porque tienes que tener en cuenta posibles problemáticas que estarán relacionadas con las diferencias en las culturas corporativas, la redundancia de departamentos, los costes de integración, las incertidumbres y dudas en los equipos, posibles regulaciones y normativas... y todos aquellos elementos que puedan generar un conflicto durante las negociaciones. Por ello, tienen que gestionarse con discreción.

Dependiendo de las empresas, el proceso de fusión lleva un determinado tiempo; lo ideal es que se desarrolle en el menor plazo posible y para lograrlo deben existir equipos dedicados en ambas empresas estableciendo los marcos de actuación, la negociación y el proceso de transacción e integración.

Adquisición

La adquisición consiste en la compra de una empresa o parte de ella. Aquí juegas con ventaja, ya que la empresa que vayas a adquirir tiene un tamaño menor, ventas menores y también menores operaciones.

La adquisición se diferencia de la fusión porque es una compra de la empresa objetivo, mientras que la fusión es la creación de una nueva entidad que surge de un acuerdo y combinación de dos empresas.

El proceso de adquisición no suele ser tan directo como el de la fusión, ya que en la fusión existe un entendimiento directo entre las dos empresas, mientras que en la adquisición se parte de un listado de empresas que pueden ser las más interesantes de adquirir, mucho antes de cualquier conversación o contacto.

Si tu perfil de gestión y de empresa es más agresivo y controlador, posiblemente esta sea tu estrategia de crecimiento ideal.

Para que la adquisición sea eficaz, la selección de las empresas candidatas es clave porque deben coincidir con tus objetivos de crecimiento (economías de escala, diversificación, aumento de la cuota de mercado, mayor productividad, etc.), que no haya imprevistos futuros ocultos (cargas de deudas, problemas judiciales, cumplimiento de gestiones administrativas, etc.) y que sea lo más amistosa posible (evitando conflictos internos y de negociación).

Tras la selección de la empresa, es el momento de contactar con la empresa por un criterio de ranquin, establecido según tus prioridades, y seguir todo un proceso detallado de análisis de todos los aspectos (financieros, de personal, de gestión, etc.) de la empresa mediante auditorías para comprobar que los objetivos y requisitos que quieres alcanzar se cumplen.

En la adquisición es importante que tengas establecido un plan definido de cómo será la integración de la nueva empresa, pero, sobre todo, que ni antes, ni durante, ni después de la integración se produzca una fuga de talento ni de clientes.

Alianzas estratégicas

Es la estrategia de crecimiento más sencilla e ideal para ti si tienes un perfil colaborativo o tu empresa se identifica con este perfil.

Las alianzas estratégicas, en definitiva, son un acuerdo entre empresas donde cada una mantiene su independencia, pero ambas se benefician. El resultado puede ser:

- Desarrollar una nueva sociedad para lograr un objetivo común. Como ejemplo, General Electric y Microsoft crearon una nueva empresa, Caradigm, que es una plataforma de inteligencia artificial para la atención médica.

- Desarrollar acciones conjuntas que logren un objetivo común. Por ejemplo, Tesla y Panasonic se unieron para avanzar más rápidamente en el mercado del coche eléctrico.

- Desarrollar acciones conjuntas para los objetivos propios de cada una. Un ejemplo de este tipo sería la alianza entre Spotify y Uber, donde Spotify suministra su aplicación en los vehículos de Uber para que la persona que viaja escoja qué escuchar, y Uber consigue una mejor experiencia del usuario porque este viaja escuchando la música que elige.

Para que la alianza estratégica logre los resultados que pretendes, necesitas seleccionar a la empresa socia adecuada, establecer los acuerdos y condiciones mediante documentos legales, definir y establecer los beneficios y objetivos comunes y, lo más importante, una comunicación continua y abierta sobre los avances, progresos y desafíos a superar.

Por último, te doy los siguientes consejos, si quieres llegar a buen puerto con las alianzas estratégicas:

1. Confianza. La confianza es esencial en cualquier alianza estratégica porque facilita la colaboración. Sé honesto, transparente y consistente en todo el proceso, y exige lo mismo.

2. Compatibilidad cultural. Las diferencias culturales corporativas pueden ser un desafío, por lo que asegúrate de que compartes el máximo con la empresa que quieres aliarte.

3. Planifica el fin desde el principio. Las alianzas que no se conformen en una nueva empresa van a tener un fin, por lo que

debes planificar cómo podría terminar la alianza en todo lo referente a los activos utiiizados, los clientes conseguidos, las inversiones conjuntas realizadas, etc.

4. Aprender de los errores. No todas las alianzas estratégicas acaban bien, y es importante aprender de los errores identificando lo que salió mal y cómo se pueden evitar problemas similares en el futuro.

Innovación

Aunque le vamos a dedicar un apartado en esta parte del libro, debes saber que en todas las etapas de la espiral has aplicado la innovación, porque la innovación consiste en la creación e implementación de nuevas ideas, soluciones, procesos y propuestas de valor que generan crecimiento en una empresa.

¿Te suena? Seguro que sí. Además, no solo por la definición sino por los aspectos claves de la innovación que vas a comprobar a continuación. Para que exista innovación tiene que haber una cultura empresarial que promueva la experimentación (*Lean*, *Agile*, *Kaizen*…), que permita la colaboración interdepartamental tanto con socios externos como con clientes y proveedores (empoderamiento y *sprints*), que facilite las herramientas y recursos adecuados al equipo y que el liderazgo esté alineado con los principios de innovación.

A la hora de desarrollar la innovación en tu empresa puedes escoger entre las siguientes:

- Iniciativa individual. Consiste en el fomento de una cultura que promueva la creatividad e innovación en tu equipo y le permita desarrollar e implementar sus propias ideas o proyectos. Un ejemplo sería Google, que permite a sus empleados dedicar el 20 % de su tiempo a proyectos personales, lo que ha llevado a la creación de productos como Gmail.

- Mejora de procesos. Implica la introducción de novedades en las propuestas de valor o procesos como mecanismos de mejora continua. El máximo exponente de este tipo de innovación es Toyota con todas sus herramientas (*Kanban, Just-in-Time, Six Sigma*, etc.) y filosofía *Kaizen*.

- Innovación continua. Se produce mediante la incorporación de nuevas líneas de negocio por las oportunidades que se detectan en el mercado o por la detección de nuevas posibilidades con clientes actuales. Amazon es el ejemplo de esto, ya que constantemente está explorando nuevas áreas de negocio, desde alimentación hasta la producción de contenido para su servicio de *streaming*.

- Innovación disruptiva. Es el modelo más difícil de lograr, ya que supone la aparición de una nueva propuesta de valor inexistente, una nueva industria, un nuevo sector... y que afecte a toda la sociedad. Un ejemplo sería Internet o la inteligencia artificial.

Como verás, algunas de ellas las habrás aplicado en algunas de las etapas anteriores de la espiral.

Unidades de negocio

Tu empresa tiene ya una determinada envergadura con distintos departamentos, direcciones de área, direcciones regionales... Te has aventurado a adquirir empresas, fusionarte o desarrollar más de una alianza estratégica, y la realidad es que eres más un grupo empresarial que una empresa. ¿Estás organizado por unidades de negocio, o no?

Por si no conoces el término, una unidad de negocio es un segmento de tu empresa que va a operar de manera semiindependiente, pero aún bajo la supervisión de una dirección o empresa princi-

pal. Cada unidad de negocio tiene su propio conjunto de objetivos
y estrategias, y a menudo se focaliza en un sector o industria concreta.

Cuando empieces a diseñar la estructura de tus unidades de negocio, identifica las oportunidades de crecimiento de los sectores o
industrias y tu capacidad competitiva dentro de ese sector e industria. En definitiva, esto implica la expansión a nuevos mercados,
el desarrollo de nuevas propuestas de valor o la mejora del *core
business*.

En cada unidad de negocio has de establecer los objetivos que
debe alcanzar, que estarán subordinados a los objetivos y estrategia general de la empresa matriz o grupo y de las metas específicas que se quieren lograr mediante dicha unidad.

Pero antes de poner en marcha las unidades de negocio evalúa
bien los beneficios y riesgos, ya que este no es un proceso de vuel-
ta atrás. Y te preguntarás, ¿cómo puedo evaluarlo? Pues con la
matriz GE/McKinsey.

La matriz GE/McKinsey es un análisis de las unidades de negocio
para priorizar el destino de los recursos y las acciones a ejecutar
en función de dos variables: la capacidad de crecimiento en un
sector o industria y la capacidad competitiva dentro de ese sector
o industria.

En lugar de confiar en las proyecciones de cada unidad de negocio
sobre sus perspectivas futuras, con esta matriz puedes valorar las
posibilidades de cada unidad de negocio en este mismo momento.

La matriz GE/McKinsey se divide en 9 cuadrantes que proporcionan un mapa analítico de cómo se deben gestionar.

Las estrategias a seguir serán las establecidas en la matriz en función de dónde se encuentran las unidades de negocio. Por encima de la diagonal central, deben seguir estrategias de inversión y crecimiento. En las unidades de negocio que se encuentran a lo largo de la diagonal central se debe estudiar las mejoras de rentabilidad, mercado o competitividad en función de su posición. Las que se encuentran por debajo de la diagonal principal se pueden gestionar para mantener una posición determinada en el mercado, para captación de ingresos solamente, o podrían ser vendidas o liquidadas.

Una vez analizadas las potencialidades de tus unidades de negocio y clasificadas, es el momento de establecer qué recursos destinar y qué objetivos alcanzar en cada una de ellas.

Círculo y espiral de crecimiento de la Retadora

Como empresa Retadora tienes que tener una envergadura y tamaño empresarial importante para poder hacer frente al resto de Retadoras y, sobre todo, a la empresa que ostenta el Liderazgo del mercado. Por ello, el crecimiento mediante la diversificación, la adquisición de sociedades, alianzas o cualquier otra línea estratégica, son básicas.

En este capítulo hemos visto la importancia de sumar distintas estrategias y acciones de crecimiento con el objetivo de ser más fuerte, pero también de establecer estrategias, acciones y objetivos muy concretos por sector e industria mediante las unidades de negocio, ya que «muchos pocos hacen mucho».

Ingresos

En esta etapa seguirás con la captación de los ingresos provenientes de las actuaciones que estás ejecutando de etapas anteriores de la espiral, pero además tienes que conseguir crecimientos exponenciales en cortos plazos de tiempo. ¿Cómo vas a conseguir esos crecimientos exponenciales? A través de las fusiones o adquisiciones. Va a depender de tu perfil empresarial y de tu empresa.

La diversificación en nuevos mercados y propuestas de valor será también otras de las opciones a explorar en esta etapa, porque de las estrategias de la matriz de Ansoff deberías haber ampliado en otras etapas anteriores las opciones de *buyer persona* y del aumento de la cartera de propuestas de valor.

No te puedes olvidar de que no solo se trata de vender y de crecer, sino que tienes que optimizar al máximo ese crecimiento e ingresos, por lo que el análisis de tus unidades de negocio te va a proporcionar mejores rendimientos.

Inversión

Es posible que el volumen incrementado de tu crecimiento necesite una financiación superior para lograr lo que persigues: es el momento de valorar recurrir a los mercados financieros para ello. Además, la diversificación de las fuentes de financiación siempre es interesante para poder reducir riesgos y mejorar tu estabilidad financiera.

La inversión más alta que vas a realizar en esta etapa se va a centrar en la adquisición de alguna sociedad, y los fondos para ello van a provenir de los fondos propios de tu empresa o grupo empresarial, de la financiación bancaria y, en el caso de que estés dentro del mercado financiero, esa será otra de las opciones. Con respecto a la financiación bancaria, seguramente tendrás que contar con el apoyo de más de una entidad.

Otra parte de la inversión la vas a centrar en el crecimiento, destinando recursos a la diversificación junto con aquellas unidades de negocio que vayan a ser más rentables en ingresos y crecimiento en el corto plazo.

Por último, tienes que invertir en innovación para poder ser más productivo no solo con las actuaciones que estás acometiendo sino para sentar las bases de futuras propuestas de valor, mejoras del *core business* y diferenciación para ser pioneros y líderes dentro de tu sector o mercado.

Productividad

Al igual que en la etapa anterior, la productividad se centrará en las acciones comerciales mediante las alianzas estratégicas, adquisición, fusiones y las unidades de negocio, aunque estas llevan aparejadas trabajar en la optimización interna para conseguir el máximo rendimiento y su optimización.

Con el *benchmarking* vas a lograr aumentar la productividad, trabajando aquellos puntos débiles de tus acciones y procedimientos, porque los vas a transformar en *core business* o en ventajas competitivas. Esto, al final, se traduce en más clientes e ingresos.

Aunque a corto plazo no se ve, a medio y largo plazo las inversiones en innovación te generarán crecimientos cualitativos y, en algunos casos, exponenciales, que persiguen el objetivo de liderar el mercado.

Por último, gracias al análisis GE/McKinsey, vas a centrar los recursos en aquellas unidades de negocio más productivas en términos de rendimiento económico.

Escalar en la espiral de crecimiento

Si has seguido el guion de cada una de las etapas de la espiral y todas con éxito, solo tienes que comprobar cuándo eres la empresa que más factura dentro de tu sector o mercado, o cuándo superas a la que va primero.

Si lo has logrado, bienvenido al Liderazgo. Si aún no, es el momento de hacer un análisis de *benchmarking* al líder para saber por qué él sí lo es y tú aún no.

9
LIDERAZGO

Has llegado al final de la espiral y tu objetivo es mantener tu Liderazgo ante las empresas Retadoras. Es posible que en algún momento pierdas el Liderazgo y luego lo vuelvas a recuperar o lo pierdas para siempre.

El secreto para no perder nunca tu posición de líder es ir un paso por delante del resto de competidores. Y ¿cómo lo logras? A través de la innovación y, sobre todo, de la innovación abierta continuada en el tiempo.

¿Por qué solo se habla de innovación abierta en Liderazgo? Porque ya hemos hablado de distintas estrategias, herramientas y técnicas en todas las etapas anteriores, y en Liderazgo se siguen aplicando todas ellas, pero solo hay que añadirle un plus: la innovación abierta.

Innovación abierta

La innovación abierta se centra en la colaboración y el intercambio de conocimientos, tanto internos como externos, para impulsar el desarrollo de procesos, propuestas de valor y mejoras continuadas.

Ya no puedes confiar ni depender solamente del desarrollo de tu propia investigación interna porque en entornos tan cambiantes y competitivos como el actual debes apoyarte, también, en colaboraciones externas. Colaborar para desarrollar proyectos de innovación reduce los costes de la I+D, mejora la productividad, incorporación temprana de los clientes en el desarrollo a través de MVP, mayor precisión en los resultados, etc.

Por todo ello, la innovación abierta se ha convertido en tu herramienta esencial para que tu empresa siga siendo competitiva y relevante en un mundo en constante cambio.

De las distintas acciones de innovaciones abiertas, las más recomendables para mantener tu posición de Liderazgo, crecer en ventas y cuota de mercado y mejorar tu *core business* son:

1. *Crowdsourcing.* Consiste en el planteamiento de un problema o desafío a una comunidad o público en general para que propongan ideas o soluciones. Generalmente se desarrolla a través de plataformas *online* y se ofrece algún incentivo, premio o reconocimiento como compensación.

2. *Hackathons* o *Jams.* Son eventos de corta duración donde distintas personas con experiencias y conocimientos multidisciplinares colaboran para desarrollar soluciones innovadoras a desafíos específicos en un periodo de tiempo corto, un día, un fin de semana o una semana como máximo. Estos eventos se basan en la premisa de que la diversidad de pensamiento puede conducir a soluciones más creativas e innovadoras.

3. Plataformas de colaboración. Mediante plataformas *online* se realiza una colaboración entre empresas, investigadores y expertos que están dispersados por toda la geografía.

4. Programas de innovación abierta corporativa. Son programas liderados por grandes corporaciones para colaborar con *startups* para desarrollar nuevas unidades de negocio.

5. Cocreación con clientes. Consiste en involucrar activamente a los clientes en el proceso de desarrollo de propuestas de valor para asegurarse de que satisfagan sus demandas y expectativas.

La elección de una o varias de las técnicas dependerá del objetivo específico que quieras conseguir con la innovación, el sector y la industria en los que operes y los recursos disponibles con los que cuentes.

Como todo lo que hemos detallado en todas las etapas de la espiral, debes estar dispuesto a experimentar y adaptarte para aprovechar al máximo las oportunidades que la innovación abierta te brinda.

10
EPÍLOGO

El mundo empresarial es dinámico y está en constante evolución. Lo que funciona hoy puede que no sea relevante mañana. Pero hay una constante: las empresas, independientemente de su etapa, tienen el potencial de crecer y prosperar si están dispuestas a aprender, adaptarse y evolucionar

Espero que en este libro hayas encontrado el compendio de herramientas, técnicas y metodologías que te ayuden en las etapas y necesidades específicas de tu espiral de crecimiento. Es cierto que habría más herramientas y técnicas que se pueden aplicar en cada etapa, pero estas son las primordiales. He buscado proporcionar un enfoque realista y práctico para los desafíos a los que se enfrentan pymes y emprendedores. Espero haberlo logrado.

A lo largo de mi carrera he sido testigo de cómo empresas de todos los tamaños y etapas se han enfrentado a desafíos similares, pero también he observado cómo cada una ha encontrado formas únicas de superarlos. Las herramientas son solo el comienzo; la verdadera transformación ocurre cuando las aplicamos con visión, pasión y determinación. Haz lo mismo: selecciona y aplica las que más resuenen contigo, porque tus circunstancias son únicas.

Te animo a que continúes aprendiendo, avanzando y creciendo. El mundo empresarial sigue progresando, con nuevas opciones como la captación de talento internacional gracias al teletrabajo y las alianzas estratégicas entre Emprendimientos y Seguimientos para hacer frente a los líderes. Solo aquellos dispuestos a transformarse encontrarán el éxito sostenible.

Finalmente, agradezco tu tiempo y confianza al acompañarme en este viaje a través de las páginas de este libro. Mi mayor deseo es que, armado con este conocimiento, te sientas con más confianza para llevar tu negocio o proyecto al siguiente nivel.

BIBLIOGRAFÍA

Ali, A. y Kubba, H. (2020). *The Unfair Advantage: How You Already Have What It Takes to Succeed.* Ebury Publishing.

Berger, J. (2013). *Contagio: cómo conseguir que tus ideas se extiendan.* Random House Mondadori.

Brunson, R. (2015). *Dotcom Secrets: The Underground Playbook for Growing Your Company Online.* Morgan James Publishing.

Christensen, C. (2020). *Reinventa tu modelo de negocio.* Conecta.

Christensen, C. M. (2020). *El dilema de los innovadores.* Ediciones Granica.

Collins, J. y Porras, J. I. (1996). *Empresas que perduran.* Paidós Empresa.

Dib, A. (2019). *El plan de marketing de 1-página.* Successwise.

Ellis, S. y Brown, M. (2018). *El método Hacking Growth.* Conecta.

Enge, E., Spencer, S. y Stricchiola, J. (2023). *The Art of SEO.* O'Really Media.

Fitzpatrick, B. (2013). *The mom test.* CreateSpace Independent Publishing Platform

Fried, J. y Hansson, D. H. (2010). *Reinicia.* Empresa Activa.

Garcez, Z. (2020). *Humans in Flow.* Mind's Eye Training Limited.

Goleman, D. (2011). *Inteligencia Emocional.* Editorial Kairós.

Horowitz, B. (2014). *The Hard Thing About Hard Things.* Harper Business.

Huete, L. (2008). *Construye tu sueño.* LID Editorial.

Imai, M. (2012). *GEMBA KAIZEN.* McGraw Hill Education.

Kaplan, R. S. y Norton, D. P. (1996). *The Balanced Scorecard.* Ingram Publisher Services.

Kim, W. C. y Mauborgne, R. (2017). *Las claves de la estrategia del océano azul.* Profit.

Knapp, J. (2016). *Sprint.* Conecta.

López Domínguez, J. M. (2022). *Empresas de carne y hueso: 15 paradigmas caducos vs 15 nuevas formas de gestión.* Amazon Autoedición.

Miller, D. (2017). *Building a StoryBrand: Clarify Your Message So Customers Will Listen.* HarperCollins Leadership.

Osterwalder, A. y Pigneur, Y. (2011). *Generación de modelos de negocio.* Ediciones Deusto.

Porter, M. (2010). *Ventaja competitiva: Creación y sostenibilidad de un rendimiento superior.* Pirámide.

Quiambao, L. (2021). «Employee Engagement Survey: The Productivity Gap». Recuperado de https://www.wrike.com/blog/employee-engagement-survey-the-productivity-gap/

Ries, E. (2011). *El método Lean Startup: Cómo crear empresas de éxito utilizando la innovación continua.* Crown Business.

Sharma, R. S. (2012). *El monje que vendió su Ferrari.* Debolsillo.

Sinek, S. (2009). *Empieza con el porqué: cómo los grandes líderes nos inspiran a actuar.* Penguin Random House Grupo Editorial España.

Sinek, S. (2020). *El juego infinito.* Empresa Activa.

Sorkin, A. R. (2010). *Too Big to Fail.* Penguin.

Sullivan, D. y Hardy, B. (2020). *Who Not How.* Hay House Business.

Taleb, N. N. (2007). *El cisne negro: el impacto de lo altamente improbable.* Random House.

Thiel, P. (2015). *De cero a uno.* Gestión 2000.

Trias de Bes, F. (2007). *El libro negro del emprendedor.* Empresa Activa.

Tzu, S. (2018). *El arte de la guerra.* Dojo Ediciones.

V.V. A.A. «Manifesto for Agile Software Development». Recuperado de https://agilemanifesto.org/iso/es/manifesto.html

Wucker, M. (2016). *The Gray Rhino: How to Recognize and Act on the Obvious Dangers We Ignore.* St. Martin's Press.